분노와 정서조절

조 숙

창지사

국립중앙도서관 출판시도서목록(CIP)

분노와 정서조절 = Anger and emotional control / 지은이: 조숙. -- 서울 : 창지사, 2014
p. ; cm

ISBN 978-89-426-0745-7 93180 : ₩14000

분노[憤怒]
조절(심리학)[調節]
심리 상담[心理相談]

186.3-KDC5
616.89-DDC21 CIP2014008423

머리말

분노(anger)란 사람들이 살아가는 일상생활에서, 자신과 타인의 관계 속에서 소통과 경청 그리고 공감의 불협화음으로 나타나는 하나의 정서표현(emotion expression)이기도 하다. 나아가서 인지적·행동적 그리고 정서적·생리적인 조절이기도 하다. 그러나 사람들에게 대부분 분노는 부정적인 정서표현으로 인식되어 있다. 하지만 분노는 긍정적이거나 부정적이거나 어느 쪽으로든지 조절한다. 분노는 하나의 감정이며 정서조절에 포함된다. 정서조절(emotion regulation)이란 사람들의 일상생활에서 매순간 나타나는 정서반응 과정이다. Gross에 의하면 정서조절(emotion regulation)은 정서를 언제 느끼고, 어떻게 느끼는지, 어떻게 표현하는지에 영향을 미치는 과정이라고 하였다.

오늘날 우리 사회를 보면, 분노를 조절하지 못해서 아이들부터 성인에 이르기까지 자신은 물론이고 타인까지 위협하는 사건들이 점점 증가하고 있는 추세이다. 이러한 사건들은 가정과 사회에도 많은 영향을 준다. 분노는 자신을 학대하기도 하고, 타인을 위협하고, 폭력과 살인 등을 저지르기도 한다. 이러한 분노와 관련된 문제는 해결하기 위해서 고민하는 상담자들이 끊임없이 연구해야 할 중요한 과제이다.

상담의 현장에서 분노의 정서경험을 가지고 있는 내담자들을 상담하다가 오히려 더 크게 내담자의 분노를 확산시킬 수도 있고, 자칫 분노의 문제해결은커녕 상담자와 내담자의 관계가 나빠지는 경우도 있다. 따라서 이러한 분노정서를 가지고 있는 내담자를 상담하기 위해서는 내담자가 긍정적이고 능동적으로 문제를 인식하고 재인식과 평가의 인식을 통하여 조절할 수 있도록 돕는 인지적 접근과 관련된 정서조절 상담이 필요하다.

요즘 같은 인터넷시대에는 내담자들도 문제를 빨리 해결하기를 원한다. 장기적인 상담보다는 단기적인 상담을 선호한다. 더군다나 분노는 대부분 부정적인 정서경험에서 발생하기 때문에 긍정적이고 능동적으로 연습하고 노력하여 조절할 수 있는 초점을 가지고 이론에 개입하는 것이 필요하다. 이유는 내담자 자신뿐만 아니라 가정과 사회에도 악영향을 주기 때문이다.

Gross는 정서(emotion)란, 일반적인 언어에서 유래된 말이며, 매일 대화에서 나타나고, 그 경계선이 모호하며, 부드러운 강도에서부터 강한 강도까지이며, 단순한 것에서부터 복잡한 것까지이며, 사적인 것부터 공적인 것까지 범위가 넓으며, 이러한 정서는 일상생활에서 언제든지 발생하는데, 분노, 슬픔, 죄책감 등을 느낄 수 있다고 하였다. 또한 이러한 정서를 조절하기 위해서 정서조절 과정이 일어난다고 하였다. 정서조절은 자율적이고, 통제를 받으며, 의식적이거나 무의식적일 수 있으며, 한 개 이상의 정서발생 과정에 영향을 미친다고 하였다. 하지만 정서조절은 개인적인 목표에 따라 정서를 점점 약화시키거나 강화시키며, 개인에 따라 다르게 나타날 수 있으며 정서반응에도 다르게 나타난다고 하였다. 또한 정서조절 과정 모델을 제시하였다. 이 모델은 사람들이 개인에 따라서 각각 정서를 조절할 수 있는 다섯 가지 종류의 정서조절 과정이다. 상황선택, 상황수정, 주의배치, 인지변화 그리고 반응조절까지 연속적으로 일어난다고 하였다. Gross의 정서조절은 인지적 접근이다.

용서이론을 주장한 Enright는 용서과정 모형을 제시하였다. 분노 발견하기, 용서 결심하기, 용서 실행하기 그리고 발견과 감정감옥으로부터의 해방단계이다. 이러한 Enright의 용서과정 또한 인지적 접근이다. 내담자가 분노의 정서경험 상황에서 일상생활을 평범하게 지탱한다는 것은 쉬운 일이 아니다. 하지만 분노의 정서에서 용서를 통한 정서조절을 연습하고 노력한다면, 일상생활에 긍정적이고 능동적인 에너지를 제공할 수 있다.

Gross의 정서조절 과정에서 상황선택은 분노상황에서도 어떠한 것을 선택할 수 있는 사람은 내담자 자신이다. 그렇기 때문에 내가 누구인지, 나를 찾아야 한다. 상황수정은 분노상황에서도 자신의 독특감과 타인의 독특함을 인정하며 내담자의 자아상을 부정적인 상황에서 수정할 수 있어야 한다. 그리고 주의배치를 통해서 수정된 자아를 긍정적으로 고정시키며, 인지변화를 통해서 용서라는 단어를 인식해야 한다. 분노의 정서는 인지변화를 통해 내면의 부정적인 것들을 재평가한다. 마지막 반응조절에서 결국 용서는 새로운 삶을 창조한다. 정서조절은 긍정적이고 능동적이어야 한다. 즉,

정서조절은 용서이다. 용서는 정서조절이다. Gross의 정서조절 그리고 Enright의 용서이론 모두 인지적 접근이다. 따라서 두 이론을 접목하여 분노정서를 가지고 있는 내담자에게 정서조절 프로그램으로 개입할 수 있다.

최근 많은 사람들이 상담에 관심을 집중하고 있다. 각 대학마다 상담과 관련된 학과가 개설됨으로써 이러한 분노와 관련된 프로그램이 새롭게 연구되고 있다. 급변하는 사회 현상에 따라 발생하는 문제들을 해결하기 위해서 끊임없는 연구가 필요하다. 따라서 최근, 사람들의 일상생활에서 가장 문제되는 분노와 같은 정서를 조절하기 위해서 어떠한 상담이론으로 적용하는 것이 좋을까 고민하면서 분노를 긍정적이고 능동적인 인지적 초점으로 다루는 Gross의 정서조절과 Enright의 등의 용서이론으로 재구성하여 접근하였다.

이 책은 다양한 내담자들에게 적용할 수 있도록 분노와 정서조절의 이론과 이에 적용할 수 있는 정서조절 프로그램의 실제로 구성하였다. 총 4부로 8개 장으로 구분하였다. Part 01 분노에서는 분노의 이해, 분노의 표현 그리고 대상에 따른 분노, Part 02에서는 정서조절의 이해와 Gross의 정서조절, Part 03에서는 용서이론, 분노와 정서조절의 상담적 개입, Part 04에서는 정서조절 프로그램으로 구성하였다.

분노와 같은 정서를 조절하지 못하여 평생 후회하는 독특한 내담자들을 상담의 현장에서 어떻게 하면 도울 수 있을까, 고민하였다. 아울러 상담을 배우는 학생들과 상담교사, 사회복지사, 교사 등 임상에서 내담자의 삶의 질을 향상시키려고 고군분투하는 분들에게 도움이 되었으면 좋겠다. 앞으로도 부족한 부분은 대상에 따라 지속적으로 수정하면서 연구해 나갈 것이다.

이 책이 출판될 수 있도록 지혜를 주신 반신환 교수님께 진심으로 감사드린다. 분노의 상한 마음과 정서를 가지고 가족상담연구소를 방문한 내담자들에게도 감사드린다. 출판에 협조해 주신 창지사 김기섭 사장님과 나기영 전무님 그리고 어진용 부장님, 최창숙 편집부장님과 직원들에게 감사의 마음을 전한다. 아울러 사랑의 공동체로 늘 아끼고 사랑하는 남편과 아들, 딸에게도 고마움을 전한다.

마지막으로 이 책을 사용하는 독자들과 프로그램을 접한 내담자분들이 분노정서를 자신 스스로 재인식과 평가를 통해서 긍정적이고 능동적으로 연습과 노력을 지속적으로 조절함으로써 일상생활에서 매 순간 건강하고 행복한 삶과 가정이 되시기를 소망합니다.

2013. 9.
가족상담 연구실에서
조 숙

목 차

Part 03

정서조절의 상담적 개입

Chapter 06 용서이론 · 91

Part 04
정서조절 프로그램

Part 01

분 노

분노의 정서는 사람들의 일상생활에 많은 영향을 미친다. Part 01은 분노와 관련된 이해를 도모하기 위해서 Chapter 01. '분노의 이해'와 Chapter 02. '분노의 표현' 그리고 Chapter 03. '대상에 따른 분노'로 구성하였다. 분노의 사전적인 개념을 이해하고, 분노경험에 따라 분노의 표현을 어떻게 하는지와 각 학자들의 분노의 관한 주장을 살펴본다. 그리고 각 대상들이 처한 상황에 따른 분노의 사례들을 살펴볼 것이다. 일상생활에 분노의 정서가 개인들에게 어떻게 영향을 주는지 이해하는 데 도움이 될 것이다.

Chapter 01 분노의 이해

노하기를 더디하는 자는 용사보다 낫고
자기의 마음을 다스리는 자는 성을 빼앗는 자보다 나으니라.
- 잠언 -

분노(anger)는 개인뿐만 아니라 개인이 머무르는 가정과 사회 등의 어떤 공동체에서든지 빈번하게 발생하고 있다. 분노로 인하여 가정이 해체되기도 한다. 때로는 자신과 타인의 관계형성이 단절되기도 한다. 분노는 개인의 정서경험에 따라 다르게 조절하며, 긍정적일 수도 있고 부정적일 수도 있다.

분노에 대한 연구는 심리학, 교육학, 종교학 그리고 사회학과 정신의학 등에서 지속적으로 관심을 가지고 있지만, 분노의 개념은 현재까지 정확하게 구분하지 못하고 있다. 학자들의 이론 또한 분노에 대한 연구의 초점을 어디에 두고 구분하느냐에 따라 다르다. 본 Chapter에서는 분노의 개념, 학자들이 접근한 분노의 이론, 분노의 원인, 분노의 종류를 살펴보고자 한다.

1. 분노의 개념

분노(anger)는 무엇일까? 분노는 사람들이 살아가는 일상생활에서 나타나는 감정으로, 자신과 타인의 관계 속에서의 불협화음으로 소통과 경청 그리고 공감에서 비롯된다. 또한 정서표현(emotion expression)이며 정서조절(emotion regulation)이기도 하다. 나아가 개인의 인지적·행동적·정서적·생리적으로 나타난다. 그러나 사람들에게 대부분 분노는 부정적인 정서표현으로 인식되어 있다.

이러한 분노는 개인이 어떤 상황에서 긍정과 부정 중 과연 무엇을 선택하고, 수정하고, 배치하고, 인지변화를 통하여 반응을 조절하는지에 따라 자신과 타인에게 다양한 영향을 미친다.

사전의 개념적 정의에 따르면, 분노(anger)는 노여움(화)으로 표현되는 하나의 감정으로서 어떤 불만과 불평에 대한 감정적인 반응이다. 또한 생리적인 욕구를 포함하여 자신의 욕구를 방해할 경우에 생기는 것이다.

일반적으로 분노는 외부사건에서 촉발된 강한 불쾌감이 특징적으로 나타나는 부정적인 정서경험 상태로 정의된다. 그러나 분노는 공격성, 적개심으로 위장되어 나타나는 경우가 많기 때문에 정서상태뿐만 아니라 자극민감성, 특성분노, 상태분노, 적개심, 충동성, 공격성 등 여러 가지 유사한 개념, 용어들과 혼용되어 왔다(안인경, 2012; Spielberger, Johnson, Russel, Crane, Jacobs & Worden, 1985; Spielberger et al., 1995.).

학자들은 분노에 대해 다양한 관점으로 접근하고 있다. 생리적 증상, 행동양식 그리고 사회적 학습, 인지적 측면, 현상학적 측면, 행동적인 다양한 측면 등으로 보기도 한다. 따라서 분노는 사람들이 살아가는 매일의 일상생활에서 경험한 정서를 인지적·정서적 그리고 행동적으로 조절하는 정서표현이며, 정서조절이다. 나아가 자신과 타인에게 부정적·긍정적인 영향을 미치는 것이다.

2. 분노의 이론

1) Novaco의 주장

분노는 외부 사건들의 상호작용, 인지적 과정, 대응반응으로서, 행동으로 결정된다. 또한 공격성과 적응 기능을 바라보는 인간에게 다양한 기능을 제공할 수 있다(Novaco, 1976).

Novaco의 주장에 따르면 분노는 사람들이 어떠한 목표를 달성하기 위해 에너지와 행동의 강도를 증가하는 것이다. 하나의 표현 기능을 가지며, 타인에게 자신이 강하고 위협적이라는 인상을 주기도 하며, 불안감을 감소시키므로 효과적인 정서조절이 필요하다. 또한 분노를 통해서 효과적인 대처 방략이 무엇인지 인식하기도 한다(이세정, 2004). 즉, Novaco의 주장은 분노는 에너지와 행동의 강도를 증가시키며, 정서표현 기능이며, 타인에게 있어서 자신이 강하고 위협적이라는 인상을 주는 것이며, 또한 불안감을 감소시키는 것이다.

2) Spielberger의 주장

분노는 긴장되고 격분되고 화가 나는 주관적인 느낌과 자율신경계의 활성화에 의하여 나타나는 감정으로 각 개인에게 특용한 행동양식을 유발한다(Spielberger, 1980).

Spielberger(1982)는 분노, 공격성, 적대감 등의 개념에서 분노를 가장 근본적인 개념으로 보았다. 또한 분노는 기간과 강도에 있어서 다양한 생리적 흥분 상태에 기인하는 정서상태와 상대적으로 안정적인 성격 특질로 구분할 수 있다고 본다.

Spielberger는 분노를 상태분노(state anger)와 특성분노(trait anger)로 구분하였는데, 상태분노는 자신이 인지하기에 부당하다고 느끼거나 목표지향적인 행동에서 장애를 만났을 때 느끼는 좌절과 애타는 정도에 따라 그 강도가 매우 다양하며 유동이 심하다.

특성분노는 분노를 얼마나 자주 일으키는가 하는 개인의 분노경향성이다. 즉, 특성분노는 상황이나 시간에 관계없이 비교적 지속적인 개인의 분노유발 경향이며, 상태분노는 상황이나 시간에 따라 그 강도가 변하는 것이다. 따라서 분노란 다양한 정도의 생리적·정의적·인지적·운동적 그리고 언어적 요소 간의 상호작용을 포함하는 내적 상태이다(이세정, 2004, 정명화 외, 2005, Sharkin, 1988). 즉, Spielberger가 주장한 분노는 상태분노와 특성분노에 따라서 생리적·정의적·인지적·운동적 그리고 언어적으로 정서에 대한 인지적 자각을 주는 것이다.

3) Izard의 주장

분노의 적대감과 공격성을 다른 차원으로 혼용해서는 안된다(Izard, 1977). 적대감은 인지적인 면과 정서적인 면이 혼재된 개념으로 다양한 정서와 동기, 인지의 정서적 구조들 사이에서 상호작용을 한 결과에 의해 발생한다. 적대감은 분개나 원한 따위의 오랫동안 남아 있는 복수하려는 갈망으로서 분노가 누그러지고 난 뒤 잔존하는 부정적 정서이며, 원인이 되풀이되지 않는데도 계속되는 경향이 있다. 즉, 적대감에는 경험과 표현의 요소들이 포함된다. 이러한 적대감을 이루는 가장 지배적인 정서는 분노다. 이러한 분노는 인식의 차원과 과정에 영향을 미친다. 즉, Izard가 주장한 분노에서 나오는 적대감이란 일상생활의 다양한 정서경험에 대한 복합적인 부정적 정서가 결여된 것이며, 공격성은 부정적으로 정서를 조절하는 것이라 볼 수 있다.

4) Carlson의 주장

Carlson(1991)의 주장에 따르면 변연계(Iimbic system)의 한 구성요소인 편도체(amygdala)가 분노를 야기하는 상황에 대한 행동적 반응과 자율신경계, 호르몬 반응을 조직화하는 데 중추적인 역할을 한다(정명화 외, 2005; Sweet, Ervin, & Mark, 1969).

공격성은 적대감에 의해서 이루어지기도 하고 또 다른 정서에 의해서 유발되기도 하는 신체적인 행동이다. 공격성은 상대를 해하려 하고 당황하게 하고 물리치려는 의도를 지닌다. 해를 끼친다고 할 때, 이는 심리적인 것과 행동적인 것을 포함한다. 공격적인 행동은 부정적인 정서를 일으킨다. 분노는 공격과 보복하고자 하는 충동을 수반한다. 그렇기 때문에 공격성과 혼동되기 쉽다. 그러나 분노는 위축, 우울, 또는 건설적인 행동들도 유도할 수 있다(이세정, 2004).

뇌의 구조물 중 변연계(Iimbic system)는 후각체계, 호르몬 반응을 조직화하는데 중추적인 역할을 한다. 동기화된 행동, 정서상태 및 기억과정을 매개하며, 체온, 혈압 및 혈당 수준을 조절하고, 또한 기타 관리 활동을 수행한다.

해마와 편도체와 시상하부의 세 구조로 구성되는 변연계는 후각체계, 측두엽의 연합피질, 전두피질 그리고 변연계의 다른 영역들로부터 정보를 받아들이고 이 정보를 다시 전두피질, 시상하부, 해마, 중뇌, 뇌간 등으로 전달한다.

편도체(amygdala)를 자극하면 분노와 관련된 공격적 행동을 유발하지만 이 부위가 손상을 입게 되면 그러한 행동이 와해되는 것을 관찰할 수 있다. 편도체는 정서통제와 정서적 기억의 형성에 중요한 역할을 하므로 이 통제기능 때문에 편도체를 손상시키면 폭력적인 사람은 진정 효과를 얻을 수도 있다. 그러나 편도체의 어떤 영역이 손상되면 얼굴 표정의 정서적 내용을 인식하는 능력에 장애가 생기기도 한다(박권생 외 2009; Richard J. Gerrig, Philip G. Zimbardo, 2008). 즉, Carlson이 주장한 분노는 뇌와 관련된 변연계와 편도체의 상호작용을 통하여 분노의 정서들이 표현되는 것이다.

5) Thornburg의 주장

분노란 타인이나 물건에 신체적, 언어적 공격을 표출함으로써 자신이 화났다는 사실을 표출하는 내적 감정이다(Thornburg, 1982).

인성론적 관점(ethological perspective)은 분노를 타고나는 것으로 이해한다.

근대의 인성론자들은 대뇌 변연계와 시상하부 같은 뇌의 원시적인 구조들이 격분과 공포와 성욕 등 인간의 기본 욕구와 정서를 담당하고 있는 것으로 생각하며, 인간의 뇌 구조가 하등동물과 비슷하다는 사실은 인간의 분노가 동물의 격노에 그 뿌리를 두고 있다는 것을 보여 주는 것이라고 본다(류권옥, 2005).

생리학적 관점(biological perspective)은 분노의 원인이 유전인자의 구조와 혈액 속의 화학물질, 혹은 두뇌 질환에 있다고 강조한다. 시상하부나 편도선에 대한 뇌 자극, 테스토스테론이나 코르티코스테론 같은 호르몬도 공격적인 행동을 자극한다.

정신분석학적 관점(psychoanalysisperspective)은 분노를 생리적인 유전의 일부로 보며, 인간의 분노와 공격성을 설명함에 있이 리비도에 강조점을 둔다. 리비도, 즉 분노에너지가 사회적인 제약에 의해 표현되지 못하고 억제되면 결국 폭력적인 격노로 발전하기 때문에 카타르시스를 억제된 분노의 치료법이라고 한다.

사회구성원적인 관점은 분노를 사회적인 결과에서 생겨나는 감정적인 반응으로 본다. 즉, 분노를 학습된 반응으로 보는 것이다.

인지-정서적인 관점은 분노를 인지와 정서의 상호작용에 의해서 생겨나는 현상으로 본다(이성정, 2006). 즉, Thornburg가 주장한 분노는 인성론적 관점과 생리학적 관점, 정신분석학적 관점, 사회구성원적 관점, 인지-정서적 관점으로 구분하는 것이다. 따라서 내담자들이 일상생활에서 경험하는 분노들은 한 분야의 상황에서 표현되는 것이 아니라 다양한 상황에서 분노의 정서경험의 원인이 제공된 것이다.

3. 분노의 원인

분노의 원인은 개인과 타인, 즉 자신이 될 수도 있고 타인이 될 수도 있다. 예를 들면, 자신, 즉 개인적으로 분노를 조절하지 못해서 자신을 학대하기도 하고, 때로는 스스로 생명을 버리기도 한다. 가정에서는 결혼과 이혼 그리고 재혼 등에서 발생하는 문제점과 자녀교육 그리고 부모와 자녀 또는 자녀와 부모 간의 의사소통에 있어서 경청과 공감 등의 부족으로 분노가 발생한다. 학교에서는 교사와 학생, 직장에서는 부하와 상사 간에 발생할 수도 있다. 사회적으로는 빈부격차와 실업과 취업 등의 다양한 소외에서 불평과 불만 등으로 인하여 발생하기도 한다.

분노유발 원인은 세 가지이다(Izard, 1972). 자신이 바라던 것을 심리적으로 또는 육체적으로 제지당했을때, 자신 또는 자신에게 중요하다고 생각하는 것에 대해서 평가 절하의 공격을 당했을 때, 만성적으로 해결되지 않는 강하고 지속적인 스트레스를 경험하게 되었을 때이다. 이외에 소음과 같은 물리적 자극이나 불유쾌한 상황도 분노유발 자극이 될 수 있다(이명희, 2010; Berkowitz, 1989; Steorns, 1972).

분노의 원인은 생물학적, 사회구성적 그리고 인지-정서적 관점으로 볼 수 있다. 생물학적 관점에서 분노란 인간의 어딘가에 존재하는 본능적인 감정으로 저장과 방출이 가능하다고 보는 관점이다. 이 관점에서는 개인의 심리적인 건강이 유지되며 파괴적인 행동을 방지할 수 있게 된다(안윤영, 2012). 또한, 부모와 가족요인에 의한 유전적 요인라든지 뇌손상이나 신경해부학적이나 신경생화학적으로도 원인이 될 수도 있다.

분노는 다른 사람들의 행동을 관찰하여 학습한 결과로 생겨난다. 특히, 우리나라와 같은 유교적 문화권에서는 소위 오륜(五輪)이 위배됐을 때 분노를 경험하기 쉽다. 예를 들어, 자식이 부모를 거스를 때, 조직에서 아랫사람이 상사에게 의리없는 행동을 하거나 친구 간에 신의를 저버릴 때 분노를 경험한다(전겸구, 2000). 서구는 독립적인 문화 영향 때문에 자율성이 침해받을 때 분노를 경험하기 쉬운 반면, 한국인들은 상호의존적인 문화 영향 때문에 대인관계가 어긋날 때 분노를 경험하기 쉽다. 이처럼 분노는 대인 간의 정서로 사회적 맥락과 관계가 깊으며 그 맥락에 따라 분노를 표현하는 방식이 발달하게 되는데, 낯선 사람이나 싫어하는 사람보다는 오히려 가족이나 친구처럼 잘 아는 사람 간에 더 많이 경험하게 된다(안윤영, 2012; Averill, 1983). 또한 남녀평등 의식이나 위기 속에서 살아가는 가족의 해체 경험과 재결합과 같은 가족관계형성으로 인하여 나타나는 부정적인 경험들이다.

인지-정서적 관점에서는 분노를 인지와 정서의 상호작용에 의해서 생겨나는 현상으로 이해한다. 분노는 인지적인 기대의 좌절로 인한 감정적인 반응의 산물이며, 인지적인 기대의 강도에 따라서 분노의 양이 결정된다고 본다. 최근의 학자들은 분노를 이해하는 데 있어서, 분노는 인지와 감정뿐 아니라 행동충동도 포함하는 것으로 이해한다(이명희, 2010; Fiendler & Ecton 1986). 또한, 내담자 개인일 경우 자신과 세상 그리고 타인을 어떻게 바라보고 인지하며 행동하는가와 관련이 있다. 다시 말해서 분노의 원인은 생물학적 관점과 사회구성적인 관점 그리고 인지-정서적 관점 등과 관련이 있다고 볼 수 있다. 즉, 생물학적 관점에서 분노의 원인은 인간의 대뇌 변연계와 시상하부와 관련되어 있다. 따라서 분노도 동물과 같은 격노로 나타날 수 있다. 사회구성적인 관점의 분노는 사회적인 결과로 생겨나는 감정적인 반응이며, 인지-정서적 관점에서는 분노의 원인이 사람들의 인지와 감정 그리고 행동에 충동도 줄 수 있다.

4. 분노의 종류

1) 일차적 분노

일차적 분노는 억제된 일차적인 적응적 분노가 언어적 또는 비언어적 표현으로 나타나는 것이다. 흔히 분노를 적절하게 표현하지 못하고 눈물을 쏟거나 무기력하거나 우울증에 빠지는 것 등이다. 일차적인 부적응적 분노는 상황에 대한 최초의 반응이다(이흥표, 2008). 일차적인 적응적 분노는 분노표현에 대한 부정적인 회피의 방어기제라고 볼 수 있으며, 또한 양육자와의 애착형성에서 학습된 분노이다. 회피를 사용할 경우에는 자칫 "모든 일이 나 때문이야" 하는 자책감과 더불어 우울감이 발생할 수도 있으며, 나아가서 상대방을 신뢰할 수 없는 대인관계를 맺음으로써 관계형성에 어려움을 겪을 수 있다. 또한 회피성 성격장애로 자신에 대한 타인의 부정적인 평가를 가장 두려워하기 때문에 타인을 비판하기도 하며, 낯선 상황이나 새로운 환경에 적응하는 것을 두려워한다.

2) 이차적 분노

이차적 분노는 근원적인 감정을 의식하는 것을 차단하는 역할을 한다(이흥표, 2008). 이차적 분노는 어떤 상황에서 개인이 느낀 분노의 정서표현을 감추고, 오히려 타인의 잘못으로 투사하는 방어기제로 볼 수 있다. 투사의 방어기제를 사용할 경우에는 자칫 솔직한 자신의 분노를 표현하지 못함으로써 자칫 상대방에게 "너 때문이야"라고 각인시켜 버릴 수도 있으며, 상처를 줄 수 있다. 또한 투사는 자신의 정서의 동기를 억압하기도 하며, 정서의 동기를 타인에게 전가시키기도 한다. 아울러 타인을 향한 공격성을 통하여 분노정서를 도구로 사용한다. 이러한 투사는 편집성 성격장애로 나타날 수 있다.

3) 도구적 분노

도구적 분노란 이차적인 이득을 위해, 즉 다른 사람을 통제하기 위한 수단으로 분노를 학습하고 사용하는 것을 말한다. 분노가 다른 사람을 통제하기 위한 효과적인 방법이 되는 것이다. 하지만 이런 식의 분노는 대개 다른 사람과 멀어지게 하며, 쓰라리고 악의에 찬 관계를 만들 뿐이다. 예를 들면, 자녀가 공부보다는 컴퓨터 게임에 더 열중할 경우, 부모는 자녀에게 화를 내고 소리를 지르며, "너 공부보다 컴퓨터 게임을 더 많이 하면 컴퓨터를 없애 버릴 거야"라고 위협하는 조절의 방략으로 분노를 표현하는 경우이다(이흥표, 2008). 도구적 분노는 건강하지 못한 부정적인 분노로 사용하는 것이다. 이를테면 부모와 자녀의 관계에서 도구적 분노가 나타난다면 자녀에게 부모에 대한 무서움과 두려움 등이 생길 수도 있다. 이러한 상황에서 자녀는 부모의 분노를 일시적으로 잠정시키기 위해서 거짓말을 한다거나 틱 장애 등을 보일 수 있다. 틱 장애는 주로 양육자와 자녀의 관계에서 나타날 수 있는데 부모가 자녀에게 강압적으로 명령하고 복종을 강요할 때, 자녀가 불안이나 분노를 과도하게 억압하고 통제함으로써 그 결과로 틱 장애가 나타난다.

4) 만성적 분노

만성적 분노나 적대적 태도는 대인관계 문제나 심리적 문제를 일으키는 주된 원인 중 하나다(이흥표, 2008). 만성적 분노는 무력감과 관련이 있으며 나아가 우울증도 나타날 수 있다. 우울증은 일상생활에서 즐거움과 흥미를 잃어버리거나 지속되는 슬픔과 무쾌감증 등의 기분의 변화를 보인다. 주로 자신을 비난하며, 죄책감 등의 부정적인 생각들을 가지고 있다. 우울증은 뇌혈관 질환의 결과로 나타나기도 한다. 예를 들면, 청소년기에 오토바이 사고로 절친한 친구를 잃은 후 자신 때문에 친구를 잃은 것이라고 자신을 학대하고 우울해하며 분노하는 경우다. 부모와 사회에 반항하고 자신을 아무 쓸모없는 낙인이 찍힌 사람이라고 생각하며 일상생활에서 기쁨과 만족을 느끼지 못한다. 결국 평생을 가슴에 분노를 안고 살아가며, 약에 의존하지만 정서조절이 어렵다. 따라서 개인이 일상생활의 부정적인 정서경험을 매 순간 다 표현하지 못한 오래된 정서적 억압에 의한 분노라고 할 수 있다.

Chapter 02 분노의 표현

불이 물로 다스려지듯 화는 순한 말로 다스려진다.

- 캐우스 -

일상생활의 분노의 표현들을 보면, ~ 때문에 신경질이 난다, ~ 때문에 짜증이 난다, ~ 때문에 열 받는다, ~ 때문에 화가 났다, ~ 떼문에 속이 부글부글 끓는다, ~ 때문에 머리 뚜껑이 열려, 성질이 나 죽겠네, 정말 분통이 터져 등이다. 이러한 언어들 속의 분노는 외재적인 표현이지만, 그 외에 내재적인 표현도 있다.

분노의 표현은 사람에 따라 상황, 환경, 연령, 성별 그리고 애착, 문화 등의 요인으로 다르게 표출할 수도 있고 억제할 수도 있다. 이 Chapter에서는 분노의 표현과 양상을 살펴보고자 한다.

1. 분노표현의 이해

1) 환경

분노의 표현은 일상생활에서 개인의 상황에 따라서 해석이 달라진다. 분노를 유발시키는 상황적인 요인 10가지는 타인의 의견을 잘 듣지 않는 자기 주장적인 사람의 등장, 비난하고 욕하는 것, 모욕감을 주는 것, 어리석거나 생각 없는 행동, 괴롭히기, 계획을 망치는 것, 다투기, 신체적인 괴롭힘, 모호한 상황, 소유물을 훔치거나 부수는 것이다(Beck, 2000).

그러나 분노를 유발하는 동일한 상황도 각 개인에 따라 인지적 평가와 해석과정이 각각 다르기 때문에 여러 가지 양상으로 분노를 표현한다.

분노를 경험하는 사람들은 흔히 자신의 분노를 정당하다고 여기며, 상대가 자신에게 의도적으로 분노를 일으켰다고 생각하고 그러한 대상은 비난받아야 한다는 인지적인 반응을 보인다. 또한 분노를 일으킨 사건을 지속적으로 반추한다. 분노를 유발하는 사건이 발생했을 때, 개인은 우선 그 사건을 지각하여 의미를 부여하는 일차 평가를 실시한다. 일차 평가에서 의미가 부여된 사건을 해석하는 이차 평가가 이어지는데, 이 단계는 개인의 행동에 직접적인 영향을 미칠 수 있는 평가들이 주로 이루어진다. 일차 평가에서 이차 평가로 진행함에 따라 분노는 짜증이나 불편감에서 그 강도가 더 높아지고 정교화되어 격노에 이르게 된다. 이러한 분노를 유발시키는 평가과정에서는 자동적 사고와 비합리적인 신념이 큰 영향을 미친다(김현진, 2006; Beck, 2000).

즉, 분노의 표현은 환경은 서로 다르지만, 분노의 어떤 상황에서 인지적인 평가와 해석에서 합리적인 신념을 가지고 있는지, 아니면 비합리적인 신념을 가지고 있는지에 따라서 다르게 인지한다.

2) 연령

연령에 따라 분노는 다르게 표현된다. 분노를 표현하는 것은 타인과의 관계에 부정적인 영향을 미칠 수 있다. 사회적인 관계를 맺고 있는 개인은 분노를 표현하는 것은 곧 갈등을 의미하는 것이라고 생각하기 때문에(Birditt, & Fingerman, 2003), 연령이 증가함에 따라 외부적으로 분노를 표현하는 대신 내부적으로 조절한다(Phillips, Henry, Hosie, & Milne, 2006). 초등학생, 중학생, 고등학생과 대학생을 대상으로 한 우리나라의 연구에서도 동일한 결과가 나타났다. 초등학생은 주로 공격적 행동 등과 같은 외현적인 행동으로 분노를 표현하지만, 대학생의 경우에는 쳐다보거나 언성을 높이는 등의 다소 완화된 방식으로 분노를 표현하였다(김현진, 2006).

유아는 분노를 느낄 경우 신체적 표출양식으로 나타내는데, 울거나 소리 지르거나 허공을 향해 팔을 휘젓거나 다리로 차는 행동을 한다. 초등학생의 경우, 특히 남아들은 분노를 유발시킨 사람에게 직접적인 공격을 가한다. 하지만 아동은 성숙하면서 정서표현 방법을 수정·변화하여 점차 과격한 표현을 줄이고 주변의 사회적 환경에 비추어 자신의 정서를 표현하게 된다. 또한 직접적·신체적 표출은 점차로 줄어드는 대신 언어를 사용한 표현이 늘어 가며 함구무언의 소극적 공격의 형식을 취하는 경우도 많아지는 등, 분노에 대한 반응양식이 뚜렷이 달라진다. 어릴수록 정서적 긴장을 해소하는 방식이 직접적인 반면, 성인기로 갈수록 분노의 표현방식이 언어의 형태로 변화함을 알 수 있다.

청소년들은 자아의식 때문에 자기주장이 방해받고 간섭, 저지당했을 때 강한 분노를 표출하며, 부당하거나 불공평한 취급을 받아 무시나 경멸을 받을 때 또는 사회적 정의감이 손상되었을 때, 흥미 없는 충고를 받았을 때 그리고 개인의 자유를 속박당했을 때 분노를 느낀다(나승은, 2009).

즉, 분노의 표현은 아동기에는 주로 행동으로 표현하지만, 청년기가 되면 행동보다는 언어적으로 표현하는 것을 알 수 있다. 따라서 연령의 증가와 발달단계에 따라 표현하는 것이 다르다. 하지만 성인기의 연령대일지라도 미성숙한 성인아이일 경우에는 분노의 표현이 아동기나 청소년기처럼 나타날 수도 있다.

3) 성별

분노의 표현은 성별에 따라 다르게 나타날 수도 있다. 정서연구에서 여성들은 남성들보다 정서를 더 많이 표현하고 더 강렬하게 체험하며, 이러한 정서를 경험할 때 더 강한 생리적인 반응을 보인다(Kring & Gordon, 1998). 다른 연구들에서도 여성이 남성보다 정적 정서표현과 부적 정서표현을 더 잘하는 것을 볼 수 있다(민경환, 김지현, 황석현, 장승민, 1998; Gross, & John, 1998).

John Gray(1993)는 부정적인 정서가 솟아올라올 때, 여자들은 상대를 신뢰하고 인정하는 태도를 보이기 힘들고, 남자들은 기분이 언짢으면 자기 배우자나 상대의 감정을 비난하려는 경향이 있다고 하였다. 부정적인 정서가 솟아오르면 남자들은 특히 상대를 배려하고 이해하고 존중하는 태도를 유지하기 어려워진다. 그리고 그들은 이러한 태도가 여자에게 얼마나 상처가 되는지 깨닫지 못한다. 부부는 자기 자신에 대해 그리고 자기 감정에 대해 진실해져야 하며 상대방에게 솔직하게 표현할 수 있어야만 한다고 하였다(이정수, 2005).

특히 분노의 경우 여학생이 남학생에 비해 이를 경험할 때, 언어적 표현 반응, 비언어적 표현 반응, 억양의 변화와 속도 등의 유사 언어적 표현 반응을 더 많이 보였다. 아동을 대상으로 한 연구에서, 분노를 유발하는 실험 상황에서 여아는 남아보다 부정적인 의견과 제스처를 더 적게 보였으며(Underwood et al., 1999), 또 다른 연구에서도 남아가 여아보다 분노를 더 많이 표현하였다(나승은, 2009; Hubbard, 2001). 즉, 분노의 표현이 성별에 따라 나타나는 것은 여성이 남성에 비해 분노의 표현에 민감성이 있음을 알 수 있다.

4) 애착

애착이란 자신과 가장 가까운 사람에 대해 느끼는 친밀하고 강한 감정적 유대 관계를 말한다(이주영, 2012; Ainsworth et al., 1978; Bowlby, 1958). 분노의 표현은 애착의 수준에 따라 다르게 나타난다. 애착수준이 낮은 사람은 Q-sort에서 적대감에 높은 점수를 나타내며, 회피 애착을 보이는 개인은 좀 더 직접적이고 강력하게 분노를 표현한다(Bowlby, 1979). 또한 이들은 주로 자신보다 약해 보이는 사람들에게 분노를 표현하는 모습을 보이며(Bowlby, 1973), 애착대상이 멀리 가버리거나 잃어버릴 것이라는 불안감 때문에 자신의 애착대상을 향해 분노를 표현한다. 또한 불안정 애착을 보이는 청소년들은 안정 애착을 보이는 청소년들에 비해 어머니와의 상호작용에서 더 역기능적으로 분노를 드러냈다(Kobak, Cole, Fernze- Guillis, & Fleming, 1993). 즉, 애착수준이 낮은 사람은 애착수준이 높은 사람보다 분노를 더 잘 표현한다(김현진, 2006).

이선주(2010)는 청소년의 애착수준과 애착유형에 따라 열등감과 분노표현에 차이가 있는지 알아본 결과, 애착수준이 낮은 집단은 높은 집단에 비해 분노억제, 분노표출이 유의미하게 높게 나타났다. 즉, 부모의 양육과정에서 자녀가 안정 애착을 보였는지 아니면, 불안정 애착을 보였는지에 따라서 타인에 대한 분노표현의 강도가 다양한 방법으로 다르게 나타난다.

5) 문화

분노에 대한 표현은 각 나라들마다 문화적 차원에 따라 차이가 있다. 일본인과 러시아인들은 미국인들에 비해 부정적인 정서의 표현을 더 제한하려 했다. 즉, 공포, 분노 또는 슬픔을 표현할 때 일본인과 러시아인들은 종종 인상을 부드럽게 하기 위한 약간의 미소를 덧붙여 "나는 힘들기는 하지만 정말 그렇게 나쁜 것은 아니다"라고 나타낸다(Matsumoto, Yoo, Hirayama, & Petrova, 2005).

미국에서 온건한 분노표현은 꽤 흔하다. 그러나 일본에서는 높은 지위에 있는 사람은 부하들에게 분노를 표현할 수 있지만, 거의 모든 다른 분노표현은 천하고 충격적일 만큼 부적절한 것으로 간주한다(Matsumoto, 1996). 또한 일본인들은 슬픔이나 다른 부정적 정서를 가까운 친구나 가족보다는 지인에게 드러내는 것이 더 적절하다고 생각하는 데 비해 미국인들은 그 반대이다(Matsumoto, 1990). 이렇게 표현의 방법은 두 문화에 속한(bicultural) 것으로, 한 문화의 구성원과 다른 문화의 구성원 사이에서 왔다 갔다 하는 사람들에게 특별한 어려움을 초래한다(Harrison, Wilson, Pine, Chan, & Gerton, 1993).

우리나라 전통문화에서는 자기집단의 구성원들이 일상에서 불만을 나타내는 것을 억압하고 인정하지 않는다. 아랫사람이 일상에서 불만이나 갈등을 표출해도 별로 신경을 쓰지 않는다. 그러나 아랫사람이 집단에서 탈퇴할 정도로 위협을 하면서 문제를 제기하면 그때부터 관심을 갖고 인간관계를 친밀하게 하면서 문제를 파악한다. 특히, 부모는 자녀의 어린시절 오랫동안 자녀와 밀착된 관계를 형성하고 자녀에게 더 높은 수준의 공감을 발휘한다. 그리고 "내 말을 잘 들어라"라고 가르친다. 그런데 이것은 "부모가 세운 원칙대로 하라"는 의미가 아니라, "부모의 감정의 변화를 민감하게 지각해서 그것에 맞게 반응을 보여라"는 것이다. 결국 어려서부터 타인의 감정과 필요에 따라 지각하고 반응하도록 배운다(반신환, 2010). 특히, 우리나라의 직장 문화에서 경우 자신의 분노정서 표현을 솔직하게 드러내는 것에 아직까지 익숙하지 않다. 예를 들면, 직장 상사의 호통에 "당신 때문에 나는 기분이 나빠요"라고 할 경우 상사의 입장에서는 이를 부적절하게 간주한다.

또한 학교 문화는 직장, 종교 활동 장소, 또는 어떤 다른 활동을 공유하는 친구들의 문화와 다르다. 한 집단의 친구들이나 친척들은 감정을 솔직하게 표현하는 것을 좋아하지만 다른 집단은 표현을 절제하거나 다른 방식으로 정서를 표현하는 것을 더 좋아할 수도 있다. 따라서 정서표현은 어떠한 문화와 장소에 따라서 적절하게 표현해야 하는 사회의 중요한 도구다. 즉, 분노표현은 각 나라의 정서와 문화, 그리고 장소에 따라 적절하게 해야 자신과 타인의 관계가 형성됨을 알 수 있다.

2. 분노표현의 양상

1) 분노표출

분노표출은 타인이나 다른 대상을 향해 분노를 표현하는 것이며, 분노를 비난, 폭언, 욕설, 모욕과 같은 언어적 폭력과 과격한 행동으로 표현하는 것이다(Spielberger, 1983). 분노표출은 공격행동의 형태로 나타날 수도 있지만, 분노가 반드시 공격행동을 일으키지 않는다. 오히려 분노표출은 화난 표정을 짓거나 발을 구르는 등의 행동과 같이 비공격적인 행동으로 나타난다(Kerr, & Schneider, 2008). 분노표출은 고혈압 또는 심혈관계 질환의 핵심 유발요인이며, 알코올 관련 문제와 소화계 질환과도 높은 관련이 있다. 이들은 고통에 대한 인내심이 다른 사람들에 비해 낮으며, 급성적인 고통에도 민감하다(나승은, 2009).

알코올은 중추신경을 억제하는 물질이다. 오용이나 남용하는 경우 중독이 되기도 한다. 알코올은 자신의 건강과 직장, 그리고 사회적인 문제를 발생시키기도 하지만 나아가서 가정을 해체하기도 하며, 때로는 생명에 위협을 주는 자살까지도 간다. 이러한 과정에서 분노표출은 다양하게 나타난다.

고혈압은 혈관이 여러 가지 이유로 탄력성을 잃거나 동맥에 지방 성분이 많이 쌓여 혈관의 벽이 좁아져 혈관이 받는 압력이 높아진 상태를 말한다. Joint National Committe(2003)에서는 수축기 혈압이 140mmHg 이상이거나 확장기 혈압이 90mmHg 이상을 고혈압이라고 정의하였다(주명숙, 2012; 대한고혈압학회, 2009). 고혈압은 유전적 요인과 환경적인 요인 등 다양한 요인들을 포함하며, 이로 인하여 다양한 질병요인이 나타난다. 따라서 고혈압은 분노표출에도 영향을 준다고 볼 수 있다.

만약 MBTI(Myers Briggs Type Indicator)의 성격유형에서 주장하는 내향형(Extraversion)인 성향이라면, 분노의 상황에서 에너지를 안으로 억제할 것이고, 외향형(Introversion)의 성향이라면 밖으로 표현할 것이다. 대부분 사람들의 분노에 대한 조절들을 살펴보면 폭식을 한다거나 약물 등을 섭취하여 조절하게 된다. 하지만 분노를 조절하기 위하여 폭식을 하거나 약물 등을 과량 섭취 할 경우에는 자신과 타인에게 악영향을 미칠 수가 있다. 또한 정신건강에도 부정적인 영향을 미치게 된다.

대부분 내향적인 사람들은 분노의 조절을 내면으로 억압하기 때문에 육체적인 질병을 초래하기도 하고, 억압된 감정을 억누르다가 갑자기 폭발하여 더 큰 피해를 입기도 한다. 외향적인 사람들은 분노조절을 행동으로 옮기는 것을 먼저 하기 때문에 소리를 지르거나 물건을 부수거나 싸움 등을 일으킨다. 또한 신체적, 언어적 수단을 포함하여 분노를 유발시킨 대상자에게 직접 혹은 간접적으로 분노를 표출하는 특성을 가지며, 자신의 분노경험을 언어적이거나 신체적인 반응을 통한 외현화되고 통제되지 않는 직접적인 분노표현 방식이다. 예를 들면, 비난, 욕설, 언어적 폭력, 또는 극단적 모욕과 같은 행동으로 나타난다(Spielberger, Reheiser, & Sydman, 1995, 김진희, 2011). 분노를 외적으로 표출하는 사람이란, 자신의 분노를 환경 속의 타인이나 대상에게 나타내는 사람 혹은 신체적 행위나 비난, 욕설, 언어적 폭력, 극단적 모욕으로서 분노를 표현하는 사람을 말한다(안인경, 2012).

김택성(2008)은 분노유발 사건과 분노표출과의 관계를 특성분노와 인지적 평가자원의 매개효과 연구에서 초등학교 5~6학년 442명의 자료를 분석한 결과, 아동이 분노유발사건에 대해 반응하는 것이 아니라 그 사건에 대한 해석이나 비합리적 신념 때문에 반응하고 아동 자신의 특성분노나 자아존중감 수준에 따라 달리 반응할 수 있다는 것을 시사하며, 아동이 경험한 분노유발사건에 대해 아동이 어떻게 그 사건을 평가하고 대처하는지를 의미하는 인지적 평가자원을 탐색하고 확인하여 변화시켜 주기 위한 상담활동과 생활지도 접근이 필요하다고 하였다.

즉, 아동의 분노표출을 위해서 아동의 상황에 따른 인지적 평가탐색과 관련된 상담의 필요성을 제시하는 것이다.

이기현(2010)은 강박적 성격특성과 스트레스 수준에 따른 분노표출의 차이의 연구에서 일반 성인 437명을 연구한 결과, 스트레스가 낮을 때보다 스트레스가 높을 때 분노표출을 더 많이 하였고, 스트레스가 낮은 조건에서는 강박적 성격특성이 낮은 집단에 비해 강박적 성격특성이 높은 집단이 분노표출을 적게하지만, 스트레스가 높은 조건에서는 강박적 성격특성이 낮은 집단에 비해 강박적 성격특성이 높은 집단이 분노표출을 더 많이 하는 것으로 나타났다. 즉, 스트레스가 많이 쌓일수록 분노표출이 높아짐을 알 수 있다.

조덕임(2011)은 문제음주자의 분노유발 요인과 분노표출에 대한 현상학적 연구에서 ○○병원 정신과에 DSM-IV에 의해 문제음주자로 진단받고 현재 폐쇄병동에 입원 치료 중인 환자 4명을 연구참여자로 선정하여 심층면접하였다. 연구결과, 참여자들의 표출하는 형태나 정도의 차이가 있을 뿐, 그들이 음주를 하게 된 그 배경의 저변에는 분노라는 심리적인 요인이 내재하고 있음을 알았고, 이들은 공통적으로 인간관계에서 분노자극을 경험하고 있었다. 일상에서 분노를 일으키는 공통된 요인으로 자기연민과 불안과 우울, 원망과 속상함이었다. 자기방어가 심하고 자기중심적이었으며, 인생이 공평하지 못하다는 외부귀인을 많이 하는 성격적인 특성이 있었다. 대부분은 자신의 음주 문제를 인정하지 않고 부정하며, 개인적으로 겪는 다양한 분노의 역기능적 측면은 대인관계를 비롯하여 부부관계, 자녀와의 관계에 심각한 영향을 끼쳐서 가족문제가 발생하였다. 또한 문제음주는 다음 세대로 이어지고 있다는 사실을 발견하였다. 즉, 분노를 표출하기 위해서 약물에 포함되는 음주까지 함으로써 자신과 가족에게 부정적인 영향을 미치는 것을 알 수 있다.

막나이(2004)는 애착유형에 따른 역기능적 태도 및 분노표출 양상의 차이 연구에서 대학생 283명을 양적연구한 결과, 역기능적 태도 수준은 자기 표상 차원이 부정적인 유형, 즉 집착유형과 회피, 그리고 공포유형이 긍정적인 유형인 안정유형과 회피, 그리고 거부유형보다 유의하게 높게 나타났다. 즉, 긍정적인 안정유형보다 부정적인 집착유형이 분노표출을 더 많이 하는 것임을 알 수 있다.

즉, 분노표출은 사람들에게 스트레스를 나타내는 표현이며, 약물에 포함되는 음주를 권장하기도 하며, 가족관계를 해체하는 도구로 작용하기도 한다. 또한 신체적, 정서적, 그리고 행동적으로 긍정적이고 부정적인 상황을 유발시킨다.

2) 분노억제

억제란 개인이 일상생활의 어떤 상황에서 의식적 또는 무의식적으로 어떤 과정이나 행동, 특히 충동이나 욕망을 억압하거나 축소하는 것이다.

분노억제는 어떤 상황에서 순간적으로 억제할 수 있지만, 억제의 상황을 마음에 많이 담아 둘 경우에는 추후 어떤 상황에서 더 큰 문제를 발생시킬 수 있다. 예를 들면, 싸움을 하거나 살인을 하기도 하며, 나아가서 방화와 자살까지 나타날 수 있다. 게다가 습관적으로 분노억제를 사용하는 사람들은 스스로 진실성(authenticity)이 부족하다는 것을 인식하고 있으며, 타인에게 자신의 속마음, 느낌, 태도를 솔직히 말하지 않고 고의적으로 속이는데, 이유는 타인이 자신을 받아들여 주고 좋아해 주는 것에 대하여 민감하고 항상 걱정하기 때문이라고 한다. 예를 들어, 슬픔에 대한 부정적인 신념이 강한 경우, 이별 상황에서 화를 내거나 유머러스하게 익살을 떨 수 있는 것이다. 그러므로 억제는 자신의 정서를 솔직하게 표현하지 못하는 것이라고 볼 수 있다. 부정적인 정서경험이 있는 사람들 경우에는 어떠한 상황에서도 솔직하게 정서를 표현하지 못한다(Gross, 2003).

Freud는 정서를 자연스럽게 표현하지 않고 마음속에 담아 두는 것은 여러 가지 심리적, 신체적 병인이 된다고 간주하였다. 정서를 담아 두기보다는 표현하는 쪽이 건강에 이로우며, 정서표현의 결여는 심리적, 신체적 불편과 연관된다는 입장이 일반적으로 받아들여졌다. 정서표현에 관한 여러 연구들은 정서표현이 암이나 관상동맥성 심장질환 외에 다른 여러 신체적 질환들과 연관되어 있다고 보고하고 있다(Friedman, hall, & Harris, 1985).

정서경험을 관리하기 위해 습관적으로 억제 해 왔던 사람들은 높은 수준의 부적 정서와 낮은 수준의 정적 정서를 경험하며, 사회적 적응을 어려워하고 안정감에 대한 수준이 낮았다(Gross & John, 2003; Gross & Levenson, 1997). 또한 습관적으로 정서표현을 억제하는 학생들은 대인관계에 있어 거리감과 정서적인 소외를 많이 느끼며, 정서표현이 억제된 부부는 양쪽 모두 결혼만족도가 낮았다(Gross & John, 2003; Gottman & Levenson, 1988). 즉, 습관적으로 정서표현을 억제했던 사람들은 사회적응에도 어려움이 있었다는 것을 알 수 있다. 따라서 분노의 억제는 상황과 충동에 따라 억압하고 축소시키는 것이 아니라, 표현할 수 노력이 필요함을 알 수 있다.

최해연(2007)은 정서를 적절하게 표현하는 것을 학습하지 못하였거나 자기를 방어하기 위하여 정서표현을 억제하는 사람들이 부적응을 겪을 확률이 매우 높다고 밝혔다.

임민주(2009)는 정서표현 양가성과 삶 만족도는 능동적 정서조절 양식이 중재하여 주는 것을 확인하며 정서표현의 양가성이 높더라도 능동적 정서조절 양식을 사용하는 사람은 삶 만족도에 차이가 나타났다고 밝혔다. 따라서 부정적인 정서를 강하게 경험하는 사람은 스트레스를 많이 느끼고 그것에 대한 대처방식이 서투르고 더 많은 건강 문제를 호소하는 반면, 긍정적인 정서경험 수준이 높은 사람들은 그렇지 않은 사람들보다 더 많은 행복감을 느끼고, 더 많은 사회적 지지를 받는 것으로 나타났다(Lonigan, Carey, & Finch, 1994). 따라서 부정적인 정서경험이 있는 사람들은 건강에도 어려움이 나타났고, 긍정적인 정서경험이 높은 사람들은 행복감을 많이 느끼는 것으로 나타났는데, 정서표현을 잘 하기 위해서는 연습과 노력을 통한 학습도 필요하다는 것을 알 수 있다.

팽은경(2005)은 분노 스트레스 상황에서 자기표현 미술매체 활동이 분노억제

집단의 분노정서 연구에서 비정형 매체로, 자기표현 활동을 한 집단이 수축기 혈압과 심박에서 큰 감소량을 보이는 것을 밝혔다. 또한 자기표현 활동을 한 집단이 분노감정에서 신경질과 분노감의 감소를 보였고, 정화감정에서는 홀가분함, 개운함, 해방감, 편안함, 상쾌함을 느끼는 것으로 나타났다. 즉, 분노의 억제는 스트레스를 유발하기도 하며, 정서적으로 부정적인 영향을 줄 수 있다는 것이다.

전민정(2007)은 분노를 억제하는 성인 여성의 집단미술치료 체험연구에서 분노를 억제하는 여성들에게 억눌러 놓았던 감정을 인식 및 표출하고 외면해 왔던 외로움과 연약함을 드러낼 수 있는 기회를 주었으며, 내면의 자기와 만나도록 해주는 자신만의 시간과 공간을 제공했다. 또한 분노를 억제하는 성인 여성들이 타인과의 관계 맺기에서 긍정적인 소통이 필요함을 제시했다. 즉, 분노를 억제하는 것은 자신과 타인의 관계를 형성하는 대인관계에도 영향을 주며, 우울의 요인이 될 수 있음을 알 수 있다.

임소영(2010)은 자기노출이 분노억제 경향이 있는 아동의 우울에 미치는 영향 연구에서 분노를 지나치게 억제하거나 표출하는 아동들은 분노를 적절하게 조절하는 일반 아동들보다 상대적으로 우울감이 높다고 하였다. 이러한 아동의 경우에는 일상생활에서 유발된 분노경험이나 심리적인 외상을 억제하여 분노가 내재되어 있으므로 자신의 분노를 적절하게 표현 할 수 있는 기회를 제공한다면 우울감도 감소시킬 수 있는 것으로 보았다. 즉, 아동들이 분노를 억제할 경우에 심리적으로 우울감도 상승시킬 수 있다.

즉, 분노억제는 자신의 분노정서를 솔직하게 표현하지 못하는 하나의 정서표현으로서, 억제할 경우, 오히려 자신에게는 스트레스를 주기도 하며 나아가서 대인관계의 어려움과 우울증으로 나타날 수 있다. 또한 개인과 사회에 부정적인 문제를 발생시킬 수도 있다.

Chapter 03 대상에 따른 분노

다른 사람들을 당신이 원하는 대로 만들 수 없다는 사실에 분노하지 말라.
당신 자신조차 당신이 원하는 대로 만들 수 없기 때문이다.
- 토마스 아캠피스 -

본 Chapter에서는 대상에 따른 영아기, 유아기, 아동기, 청소년기, 성인기의 임상사례들을 통하여 분노가 대상에게 미치는 영향들을 살펴보고자 한다.

1. 영아기

영아기는 0~2세에 해당된다. 이 시기는 기쁨과 고통의 두 가지 정서만을 경험한다. 영아는 기쁨을 느끼며 양육자의 얼굴을 바라보고 미소 짓는다. 즉, 자신과 타인의 관계를 형성하는 최초의 정서를 표현하는 것이다. 이 시기에는 슬픔의 감정도 표현할 수 있게 된다. 어머니가 놀아 주기를 멈추고 방을 떠나면 영아는 슬픈 표정을 지으며 찡그리기도 한다. 어머니의 젖꼭지를 빠는 상황에서도 충분한 모유가 나오지 않으면, 짜증을 내거나 소리를 지르며 울기도 하며, 배가 부르도록 모유가 충분히 나오면 행복한 표정을 지으며 활짝 웃는다. 또는 좋아하는 장난감을 손에 쥐어 주었다가 떨어뜨리거나 빼앗으면 화를 낸다. 그리고 독립심이 강해지면서 분노반응도 함께 늘어난다.

영아는 양육자의 보호 안에서 공포를 느낄 만한 환경을 비교적 덜 접하게 되는데, 양육자 외에 낯선 사람을 맞이하면서 긴장과 불안을 가지기도 한다. 이때 양육자와의 분리에 대한 불안을 분노로 표현하기도 한다. 예를 들면, 무서워하거나 소리를 지르거나 숨어버리고 도망가기도 한다. 양육자가 우울한 표정으로 영아를 바라보거나 한숨을 쉬거나 무관심할 경우에 영아는 양육자의 관심을 끄는 행동을 하려고 방긋 웃어 보기도 하고, 입을 오물거리기도 한나. 이것은 영아 스스로 정서를 조절하려는 노력들이라고 할 수 있다.

원치 않는 임신으로 인해 자녀를 출산한 A씨의 경우, 영아기의 자녀를 제대로 양육하지 못했다. 그 결과로 자녀는 성인이 되었음에도 불구하고 직장생활을 제대로 하지 못하고 우울증과 대인관계 형성의 어려움으로 힘들어하고 있다. 다음 사례를 살펴보자.

상담자 1- 원치 않는 결혼으로 자녀를 낳았다고 하셨는데, 그 때 심정은 어떠셨어요?

내담자 1- 정말 원치 않는 결혼에서 임신 까지 했을 때는 뱃속에 있는 아이가 한없이 미웠어요.

상담자 2- 뱃속에 있는 아이인데, 어떻게 미웠다는 거지요?

내담자 2- 그냥 이 아이가 뱃속에서 죽었으면 좋겠다. 오히려 아이가 태어나면, 제 자신이 더 힘들 것 같았어요. 그래서 보이지 않는 아이였지만, 불러오는 배를 움켜쥐기도 하고, 때리기도 했지요. 하지만 그 아이는 죽지 않고 태어났어요.

상담자 3- 죽지 않고 태어난 그 아이가 현재 자녀시군요. 그 아이를 영아기 때에 양육하셨어요?

내담자 3- 아이를 제대로 보살피지 못했어요. 아이가 울면, 울지 말라고 소리 지르고 때리고, 마냥 손이 가는 대로 때리면서 그렇게 키웠어요. 옹알이를 하면, 대답도 해 주고, 눈맞춤도 해 주어야 하는데, 저는 그러지를 못했죠. 그냥 방치한 거죠. 무식한 엄마였어요. 결혼생활에서 화가 나고 짜증이 나면, 어디 하소연할 때는 없지, 우는 아이 붙잡고 화풀이한 거예요. 제 잘못으로 아이가 이렇게 된 것 같아요. 정말 많이 잘못했다고 아이한테 고백했지만, 아직도 아이는 '엄마는 아직도 내 마음을 몰라'라고 하지요.

상담자 4- 아이는 어머니 혼자 키우시는 게 아니잖아요. 남편 분은 도와주지 않으셨나요?

내담자 4- 네. 너무나도 샌님 같은 남편은 말이 없었어요. 직장 갔다 퇴근하면, TV 보고 운동만 했어요. 그런 남편이 결혼 전에 약속한 결혼생활은 환상이었지요. 행여나 남편이 아이를 봐 준다고 해도, 남편 또한 아이를 전혀 돌보지 못했지요. 남편과 아이 문제로 많이 싸웠어요. 괜히 아이한테 둘 다 화풀이를 한 거예요. 아이가 무슨 죄가 있었겠어요. 이제 와서 아이에게 과거의 부모 잘못을 다 용서해 달라고 하지만, 그게 쉬운 일은 아닌 것 같아요. 말은 용서한다고 하지만, 행동은 아직도 어색하지요. 아이는 갑자기 화를 낼 때가 있어요. 그럴 때는 다 큰 아이가 혹시나 다른 행동을 보이지 않을까 겁이 날 때도 있어요.

상담자 5- 어떤 겁이 나신다는 거지요?

내담자 5- 오랫동안 성장하면서 제가 제대로 양육하지 못한 데서 오는 불만들을 분노로 발사할까 봐요. 아이가 지금까지 바람 잘 날 없었어요. 매번 사고와 해결의 과정이었어요. 그게 모두 제가 무관심했던 거예요. 그런 행동들이 모두 자기를 관심 갖고 믿어 달라는 의미였는데 말이죠.

위의 사례에서 현재 내담자의 임신 초기부터 출산 후와 영아기의 양육과정 까지 자녀와 충분한 애착관계를 형성하지 못한 것을 알 수 있다. 양육자로서 충분히 안아 주는 환경을 만들어 주어야 함에도 불구하고 오히려 자녀를 방치하고, 울면 마구 잡히는 대로 때리는 행동을 반복하였다. 그 상황에서 어린 영아는 양육자가 무섭고, 불안하고 공포스러울 수밖에 없다. 자녀는 자신이 울면 때리기만 했던 양육자에게 분노의 표현으로 부정적인 사고를 가진 것이다.

영아기 양육자는 자신의 분노를 상황에 따라서 조절할 수 있어야 한다. 예를 들면, 아이가 기저귀에 오줌이나 대변을 볼 경우, 눅눅하거나 끈적끈적하기 때문에 이 상황이 힘들어서 울 수도 있다. 하지만 이 때 양육자가 자신의 분노의 감정을 그대로 우는 아이에게 표현한다면 아이는 양육자에 대한 두려움과 무서움으로 감정을 어떻게 조절해야 옳은지 몰라 울 수밖에 없다. 따라서 영아기의 분노 발생은 양육자의 정서경험과 조절에 의하여 영아의 분노조절에 영향을 미친다. 그러므로 영아기의 분노는 양육자와의 애착관계 형성에서 발생되는 것이라 할 수 있다.

2. 유아기

유아기는 3세에서 7세의 시기다. 이 시기의 유아는 몸에 힘을 주거나 소리를 지르며 울기도 하고 팔다리를 휘두르는 등의 행동으로 분노를 표현하기도 한다. 또한 이 시기에 양육자와의 애착관계에서 형성된 정서표현으로서 주 양육자와의 관계에서 낯선 사람인 타인을 의식하면서 정서에 대한 조절 능력도 생기게 된다. 예를 들면, 아이는 자신의 주장인 "엄마 나도 할 수 있어요", "나 혼자 다녀올 수 있어요", " 엄마 따라오지 말아요" 등의 자율성과 주도성이 발달하게 된다. 집에서만 주 양육자와 생활하다가 유아기가 되어 어린이집이나 유치원에 다니고, 다양한 정서를 경험함으로써 분노표현은 점점 내향적과 외향적으로 구분되어 표현된다. 특히, 동생이 생길 경우에는 질투를 통한 정서의 표현으로 동생의 볼을 꼬집기도 하고, 장난감으로 얼굴을 때리기도 한다. 또래의 친구들과 의사소통을 통해서 어려움이 발생할 경우에는 소리를 지르거나 성인들과 같은 분노의 표현과 행동들이 나타나기도 한다. 또한 양육자와의 분노를 모방하기도 한다. 예를 들면, "엄마가 화를 냈으니까, 나도 화를 내는 거야. 나도 엄마처럼 소리를 지를 거야" 등의 모방을 통한 분노를 표현하는 것이다. 하지만 앞의 남아의 사례를 살펴보면, 발달단계에서 유아기는 정서표현과 정서조절을 배우고 연습하는 과정임에도 불구하고 부모의 잦은 싸움으로 인한 심리적 불안과 맞물려, 분노를 억압하는 가운데 내면으로 분노를 억압하고 부모에게는 분노표출을 하지 못하는 경우가 발생한 것이다. 오히려 부모들의 싸움을 보면, 분노표현을 모방하거나 나쁜 분노 경험을 학습하고 있는 상태다. 유아기의 이러한 심리적인 분노의 정서억압은 또 다른 이상행동으로 나타나게 되었다.

TV 구석 등에 우유를 쏟거나 오줌을 싸는 유아기 자녀를 둔 B씨의 사례를 살펴보자.

상담자 1- 어떤 도움이 필요하신가요?
내담자 1- 저희 아이 행동이 아무래도 이상해요?
상담자 2- 무엇이 이상한 행동이라는 것인가요?
내담자 2- 아이가 우유나 요구르트를 텔레비전 뒤편이나 구석에 쏟아 붓기도 하고, 가끔 장롱 뒤에 숨어서 있어요. 오줌도 싸고요.
상담자 3- 언제부터 이런 일이 있었지요?
내담자 3- 사실은 저희 부부가 자주 싸워요. 그때부터……시작한 것 같아요.
상담자 4- 어떤 문제로 부부가 싸움을 자주 하시나요?
내담자 4- 남편이 게임과 도박중독에 빠졌어요. 돈을 벌면, 어떻게 해서라도 다 거기에 집어넣어요. 돈이 없으면, 저한테 떼를 써서라도 돈 달라고 행패를 부려요. 잔소리하면, 남편은 저의 목을 조이고 죽여 버린다고 하지요. 멱살을 잡고 던져 버리기도 해요. 제 몸이 성한 적이 없어요. 작은 체구에서 힘은 어디서 나오는지……. 좀 이상한 행동들이 많아요. 아이 보기에도 창피하죠. 속상해서 소리를 지르고 화를 내면, 제가 소리 지르지 못하도록 입을 막아 버려요. 답답하고 화가 나서 더 소리를 지르고 호소하고 싶은데, 아이가 놀라는 것을 보고 참아요.

상담자 5- 아이는 부부싸움할 때, 어떻게 있나요?

내담자 5- 제 아이는 손으로 눈을 가리고 웅크리고 "아빠 하지마, 엄마 하지마"라고 소리 지르면서 울지요.

상담자 6- 그렇군요. 아이가 엄마, 아빠 싸우는 모습이 무섭기도 했나 봅니다. 그 상황에서 아이는 엄마, 아빠의 싸움이 나쁜 것이라는 알고, 싸우지 말라고 자기표현을 했네요.

내담자 6- 그렇지요. 아이 때문에 싸움이 멈추기도 했지요. 하지만 일시적이에요. 매번 남편이 도박을 하고 오는 날이 많기 때문에 바람 잘 날 없어요. 아이는 손을 부들부들 떨며, 오줌을 싸기도 했어요. 아빠가 없을 때는 '아빠를 죽여 버릴 거야'라고 혼잣말을 할 때도 있어요.

상담자 7- 아이도 많이 놀라고 힘들 것 같네요. 그 시기에는 부모에게 자기주장을 통해서 표현도 하지요. 좋지 못한 모습들이 아이가 성장하는 과정에 부정적인 경험으로 남게 됩니다. 시간을 내서 아이도 함께 치료를 받으시면 좋겠습니다.

내담자 7- 아무래도 저는 어른이니까 참고 살아가지만, 불쌍한 우리 아이는 무슨 죄가 있나요. 아이의 건강을 위해서 상담을 의뢰하겠습니다.

위 사례의 자녀를 추후 상담하였다. 부모의 잦은 싸움으로 이상 행동을 나타내는 5세 유아는 일반 또래 아이들이 그릴 수 있는 얼굴도, 과일도, 사람도 잘 그리지 못하였다. 동그라미 형태만 계속 그렸다. 유치원에서도 또래 친구들과 어울리지 못하고, 구석에서 혼자 놀았다. "우리 ○○ 몇 살이지요?"라고 질문하면, "어, 어……" 하며 입을 오물오물거렸다. 이때 어머니가 "5살이라고 해야지"라고 어머니가 가르쳐 주면, "다섯 살……"이라고 눈치를 보며 아주 작은 목소리로 대답을 하였다. 상담을 의뢰한 B씨는 남편도 상담을 받기를 원하지만, 남편은 문제가 없다고 부인한다.

사례에서 유아의 문제행동은 오줌 싸기, 구석에 우유 붓기, 혼잣말하기, 또래 친구들과 어울리지 못하는 것 등 다양하게 나타났다. 결국 이 유아의 경우는 거주환경과 부모로부터 오염된 분노발생을 치료하기 위해서 부모상담과 아동상담을 병행함으로써 자신의 분노정서 경험을 조금씩 표현하였다. 또한 주 양육자인 어머니와 아버지를 통하여 건강한 부부싸움과 해결방법 그리고 분노에 대한 교육과 상담을 병행하며, 부모 자신들도 정서를 조절할 수 있는 상담과 교육을 진행하였을 때에 내담자의 가정은 안정을 되찾을 수 있었다.

사례에서 알 수 있듯이 부모와 유아기의 자녀들에게 각각의 정서를 표현할 수 있는 상담이 필요함을 알 수 있다.

Gesell과 Ames(1956)의 연구에 의하면, 유아는 화가 날 때 신체가 굳어지고, 소리를 지르고, 우는 등의 방법과 자신에게 분노를 일으킨 사람에게 직접적인 신체적 공격을 가하는 방법으로 분노를 표현하는 것으로 나타났다(이성정, 2006; Cole, 1966).

3. 아동기

아동기는 정서적으로 안정된 시기이기 때문에 아동의 활동 범위에 따라 정서 표현들이 달라질 수 있으며, 정서적 통제와 분화된 정서표현이 가능해진다. 따라서 분노에 대한 정서경험도 상황에 따라서 조절되기도 한다. 하지만 부모와 친구의 관계에서 흡족한 공감 형성이 이루어지지 않거나 심리적으로 불안해지고 안정적이지 못할 경우, 분노의 정서표현은 다양한 행동으로 나타나기도 한다. 예를 들면, 학교생활에서 왕따를 당하거나 집단 폭력을 당할 때 분노의 정서를 억제하기도 하고, 돌출 행동을 통하여 적대감을 가지기도 하고, 때로는 공격성의 행동을 보이기도 한다. 특히, 아동기에는 분노의 정서들이 빈번하게 나타나기 때문에, 이러한 아동의 분노경험들은 부모에게도 영향을 준다. 학교생활에서 친구로 하여금 분노가 발생되었을 경우에 등교거부증(schoolrefusal) 또는 학교공포증(school phobia)이 나타나기도 한다.

아동기에 공포나 불안보다 더 빈번하게 발생하는 정서는 바로 분노다. 그 이유는 아동기에 접어들면서 사회적 관계 범위가 넓어지기 때문이다. 즉, 사회적 관계 범위가 가정에서 학교로 확대되면서 욕구가 좌절되고, 행동에 방해를 받고, 놀림을 당하거나 꾸중을 듣는 경우가 많아지며, 다른 아동들과 불쾌한 비교 또는 무시를 당할 때가 더 많아짐으로써 분노의 감정이 이전보다 더욱 빈번하게 발생하게 된다. 하지만 분노의 감정이 발생하는 빈도가 높아져도 분노감정을 잘 통제하고, 간접적인 방식으로 분노감정을 표현할 수 있게 된다(권중돈·김동배, 2005).

김귀랑(2005)은 아동의 분노표현이 또래폭력 경험에 미치는 영향에 대해 알아보았는데 그 결과, 아동의 배경 변인에 따른 분노표현은 남아가 여아보다 분노통제를 더 잘하는 것으로 나타났다. 아버지의 학력이 대학원 졸업 이상일 때, 어머니의 학력이 대학교 졸업일 때 아동이 분노통제를 잘 하는 것으로 나타났다. 아동이 주관적으로 느끼는 경제적인 수준이 낮을수록 분노억압을 많이 하는 것으로 나타났다. 그러나 부모의 직업에 따른 분노표현은 차이가 없었다. 아동의 배경 변인에 따른 또래폭력 경험은 아동의 성별에 따라 또래폭력 가해 경험과 피해 경험에서 차이가 나타났다. 즉, 남아가 여아보다 또래폭력의 가해와 피해를 더 많이 경험한 것으로 나타났다. 반면, 부모의 학력과 직업, 아동이 주관적으로 느끼는 경제적 수준에 따른 또래폭력의 가해와 피해 경험은 모두 차이가 없었다. 아동의 분노표현과 또래폭력 경험과의 관계에 있어서 아동의 분노표현 중 분노표출과 분노억압은 또래폭력 가해 경험에, 분노억압은 또래폭력 피해 경험에 더 관련이 많았다. 분노통제는 또래폭력 가해 경험과 부적상관을 나타냈고, 또래폭력 피해 경험과는 상관이 없었다. 아동의 분노표현이 또래폭력 경험에 미치는 영향에 있어서 또래폭력 가해 경험과 피해 경험 모두 분노표출과 분노억압이 영향을 미치는 것으로 나타났다. 또래폭력 가해 경험의 경우, 분노표출, 분노억압, 분노통제 순으로 가해 경험과 영향이 있었고, 이 중 분노표출이 아동의 또래폭력 가해 경험에 가장 큰 영향을 주었다. 또래폭력 피해 경험의 경우 분노표출과 분노억압이 영향을 미쳤으며, 분노억압이 더 큰 영향을 주는 것으로 나타났다. 이 연구의 결과에서 아동이 분노를 표현할 때 표현하는 방식에 따라 또래폭력 경험이 달라지는데, 특히 분노표출과 분노억압을 많이 나타낼수록 또래폭력 경험과 관련이 많으며 영향을 준다는 것을 알 수 있었다.

남주희(2010)는 아동의 성격차원과 분노표현의 관계에서 회귀분석 결과, 학령후기 아동의 성격차원은 한국 표준범위 내에 속하는 프로파일을 보이고, 특성분노 또한 일반범위 내에 속하며, 분노표현에 있어서는 대체로 분노조절이 상대적으로 우세한 방식을 취하는 경향이 있음을 나타냈다. 정신증적 경향이 높을수록, 신경증적 경향이 높을수록, 그리고 사회적 바람직성이 낮을수록 특성분노의 상승에 영향을 끼쳤다. 또한 특성분노가 높을수록 분노를 표출하거나 억제하는 역기능적 분노표현 방식을 취할 가능성이 있었다. 뿐만 아니라 신경증적 경향성이 높을수록, 사회적 바람직성이 낮을수록, 그리고 정신증적 경향성이 높을수록 분노를 억제하거나 표출할 가능성이 높았다. 반대로 사회적 바람직성이 높고 신경증적 경향성이 낮은 경우에는 분노를 조절할 가능성을 보여 주었다. 특성분노는 높은 정신증적 경향성과 분노표출의 관계, 높은 신경증적 경향성과 분노표출의 관계 그리고 낮은 사회적 바람직성과 분노표출의 관계에서 부분매개하였고, 높은 신경증적 경향성과 분노억제의 관계에서도 특성 분노가 부분매개하는 것으로 나타났다. 즉, 역기능적 분노표현의 가능성이 높은 성격의 아동을 대상으로 그들의 특성분노가 높아지기 이전에 개입을 하되, 분노표출 가능성이 높은 아동과 분노억제 가능성이 높은 아동에게 각기 차별화된 접근이 필요하다는 점을 추론할 수 있다.

학교생활에 적응하지 못하고, 힘들어하는 초등학교 아동의 사례를 살펴보자.

상담자 1- 학교생활도 힘든데, 이렇게 상담까지 오느라 수고했네요. 지금 무엇이 가장 힘들어요?

내담자 1- 잠을 자거나 눈을 감으면, 머리를 늘어뜨린 귀신이 나타나요.

상담자 2- 그러면 힘들어서 잠을 제대로 못 자겠네요.

내담자 2- 그래서 낮에도 밤에도 형광등을 켜 놓고 잠을 자요. 잠자는 것 외에도 눈만 감으면, 머리를 늘어뜨린 귀신이 나타나요.

상담자 3- 잠은 누구하고 자요?

내담자 3- 아빠는 따로 자고, 저하고 엄마 그리고 동생들과 함께 모두 자요.

상담자 4- 엄마하고 동생들과 함께 자면, 머리를 늘어뜨린 귀신이 나타나지 않아요?

내담자 4- 아니요? 그래도 나타나요. 그렇지만 함께 자면 잠을 잘 수가 있어요.

상담자 5- 그래요. 선생님이 그 머리를 늘어뜨린 귀신을 보고 싶은데, 그림으로 그려 줄 수 있어요?

내담자 5- 예. 그릴 수 있어요. (그림을 그린다. 도화지에 그린 그림의 사람들은 주로 아이들이고 머리는 하얗고 눈은 모두 빨간색으로 그린 소녀이다. 배경은 학교배경이다.)

상담자 6- 이 그림이 어떤 그림인지 설명해 줄 수 있어요?

내담자 6- 잘 모르겠어요. 무슨 그림인지 잘 떠오르지 않아요.

상담자 7- 음……. 잘 떠오르지 않아요? 선생님이 보니까 학교 배경이네요. 의자도 있고, 친구가 다니는 학교인가요?

내담자 7- 예. 이제 생각이 났어요. 사실은 학교예요. 학교에서 저를 왕따로 만든 우리 반 친구들이에요.

상담자 8- 학교에 가면 친구들이 같이 안 놀아 주고 왕따를 시켰어요?

내담자 8- 원래 수업을 마치면 친구들하고 같이 놀고 학원도 같이 다녀야 하는데, 저는 수업을 마치면 빨리 집에 가서 동생들을 돌보아야 해요. 그래서 친구들이 점점 멀어져서 같이 어울리지 않아요. 그랬더니 이제는 청소할 때도, 집에 갈 때도 저를 왕따시켜요.

상담자 9- 집에 가서 동생들을 돌보고 있었군요. 그러면 동생을 돌보지 않을 때는 뭐 하고 있어요?

내담자 9- 사실은 컴퓨터를 해요. 동생을 계속 볼 수는 없잖아요. 그래서 컴퓨터를 가지고 놀아요. 친구들 때문에 죽고 싶고 화가 나기도 하였는데, 컴퓨터 때문에 게임도 하고 인터넷도 해서 재밌어요. 그런데 제가 귀신이래요.

상담자 10- 무슨 귀신? 누가 귀신이래요?

내담자 10- 제가 인터넷에 사주팔자를 쳐 보니까 전생에 귀신으로 살았대요.

상담자 11- 그래서 정말 귀신으로 살았어요?

내담자 11- 아니요? 어떻게 귀신으로 살 수가 있었겠어요. 하지만 제가 귀신이 되어서 학교에서 저를 놀리는 친구들을 모두 놀려 주고, 무섭게 하고 싶었어요. 언제부턴가 이런 생각을 해서인지 눈만 감으면, 인터넷에서 본 귀신이 보이는 거예요.

상담자 12- 그렇구나. 얼마나 친구들이 미웠으면, 귀신으로 나타나서 놀래 줄려고 했을까?

내담자 12- 저도 친구들과 놀고 싶고, 같이 학원도 다니고 싶었는데 친구들이 저를 왕따를 시키니까 정말 짜증이 났어요. 엄마 아빠는 돈도 벌어야 하는데, 그렇다고 친구들과 놀 수도 없고, 그래서 화도 났죠. 그래서 사주팔자를 쳐 본거예요.

위의 사례에서 추후 상담을 통해 새로운 사실을 발견하였다. 아동은 공부도 못하고 엄마가 학교에 찾아오지 않는 것을 비관하며 점점 친구들과 멀어지고, 결국 학교보다는 집을 더 좋아하게 되었는데, 그러던 어느 날 인터넷 창에서 '사주팔자'라는 사이트 검색하였다. 이유는 '어떻게 하면 친구들에게 이 분노의 감정을 복수할 수 있을까' 하는 것이었다. 그런데 사이트에서 검색한 아동의 사주팔자는

'전생에 귀신으로 살았다'였다. 그때부터 아동은 혼자 귀신놀이를 하게 되었다. 어떻게 하면 귀신으로 나타나 자신을 힘들게 한 친구들을 골려 줄까 고민하다 보니, 언제부터인가 눈만 감으면 낮이건 밤이건 눈이 빨갛고 머리카락을 길게 늘어뜨린 소녀 귀신이 나타났다. 낮에도 불을 끄면 그 귀신이 나타났다. 결국 상담을 통해서 이 머리카락을 늘어뜨리고 나타난 전생의 귀신의 정체를 발견하였다. 이 아동의 경우는 부모교육과 이야기치료와 아동의 외재화 대화 내용을 통해서 접근하였다.

추후에 이 아동은 자신의 무모한 분노의 감정을 숨김으로써 이러한 문제가 발생했음을 알게 되었다. 또한 아동이 학교생활과 가정에 잘 적응하도록 부모 상담과 더불어 치료를 종결하였다.

따라서 아동기의 분노는 또래집단이나 부모의 양육태도, 스트레스 그리고 환경적인 요인 및 인터넷과도 관련이 있음을 알 수 있다.

Dodge(1985)에 의하면 학령기에 학급에 적응하지 못하는 아동들은 친구들에게 따돌림을 당하고 열등감을 가지는 경향이 있다. 이러한 성향 때문에 친구들이나 어른들과의 관계에서 더 공격적으로 행동하게 될 가능성이 크고 대인관계에서 소외되고 위축될 가능성이 높다고 하였다. 그리고 이러한 아동들은 분노를 억압할 가능성이 매우 크며 이러한 분노로 또래 관계에서 따돌림을 당하고 자신에 대한 부정적인 생각을 가질 수 있고 적응이 어려워질 수 있다. 또한 소외감을 느끼고 그 결과 불안과 우울이 초래되기도 한다(양성윤, 2012; 김명주, 2000; Dodge, 1985). 따라서 아동기의 분노는 부모의 양육과 환경 그리고 활동범위인 학교와 친구인 또래 관계에서 정서경험을 통한 분노로 나타난다.

4. 청소년기

청소년기는 다른 연령대보다 급격한 정서변화를 경험하는 질풍노도의 시기이다. 청소년기에 나타나는 정서적 특징은 격렬함과 동요성을 보이는 것과 사소한 상황 변화나 주변 사람의 반응에 쉽게 감정이 유발되거나 정서표현을 하는 것이다. 이러한 격동성은 청소년기 초기에 더욱 두드러지고, 후기로 갈수록 자신의 감정에 대해 점차 여유를 찾게 된다. 정서의 자극 대상이 변하기도 한다. 죽음, 부모의 불화, 교우관계의 실패와 같은 무능력감과 불안정감을 일으키는 대상에 대해 정서자극을 많이 받으며, 성적 성숙의 영향에 힘입어 정서에 성적인 색채를 띠는 경우도 많다. 예를 들면, 신체적 성숙과 더불어 성에 대한 관심과 욕구가 증가하지만 이를 수치스럽게 생각해 이성에 반감을 표현하거나 주변 사람에게 과장된 반항을 할 수 있다. 마지막으로, 청소년기에는 정서표현이 내면화된다는 특징이 있다. 청소년기의 정서는 의식적으로 억제되는 경우가 많아, 공포심이 불안이나 우울로 나타나거나 우울 감정이 분노표현이나 비행 등의 형태로 나타나기도 한다. 청소년기 후기로 가면서 정서는 초기보다 더욱 강렬해지지만 직접적인 표출은 억제되는 경향을 보인다. 자신이 느끼는 정서에 대해 의식적인 억제작용이 활발하게 일어나고, 이러한 억제로 인해 내면적인 침울함이나 불안정성은 더욱 높아지기도 한다(조흥식 외, 2010).

또한 청소년기에는 자아의식이 서서히 발달하면서 청소년은 혼자 있고 싶어 하고 고독에 빠지기가 쉽다. 또한 자신을 타인과 비교해서 부족하다고 느끼고 타인 앞에서 위축되는 느낌이 강화되어 열등감에 휩싸이기도 하며, 이상과 현실 사이의 괴리를 목격하고는 실존적 공허감에 빠지기도 한다. 청소년들은 이러한 급격한 정서변화에 반응하는 양식이 서로 다르다. 어떤 청소년의 경우에는 부정적 정서경험을 지나치게 억압하여 우울증이나 거식증, 식욕부진증(anorexia nervosa) 또는 폭식증(bulimia)에 걸리기도 하는 반면, 정서에 대한 통제가 이루어지지 않고 지나치게 충동적으로 반응함으로써 비행행동을 보이는 것으로(권중돈·김동배, 2005) 분노를 표현하기도 한다.

아동기에 부모의 이혼을 경험한 한 청소년은 우울한 감정이 올라올 때 학교생활에 집중하지 못하였다. 시시때때로 눈물을 흘리고, 친구관계 형성에도 어려움을 겪었다. 집에서 우울함을 느낄 때는 어머니의 행동과 말도 무시하고, 눈을 흘기며, 짜증을 내고, 화를 내며 소리를 질렀다. 우울한 기분이 들고 화가 나는 이유를 어머니 때문이라고 하였다.

자신의 스트레스나 분노를 제대로 조절하지 못하는 청소년의 사례를 살펴보자.

상담자 1- 지금 친구가 많이 힘들구나.

내담자 1- (고개를 숙이고 눈을 마주치지 않고 눈물을 흘린다. 그리고 한숨을 쉰다.)

상담자 2- 그래. 선생님이 친구를 위해서 무엇을 도와주면 좋겠니?

내담자 2- 엄마가 제발 내 마음을 알아 주었으면 좋겠어요. 제 말은 듣지 않고 엄마 말만 해요. 집에 오면 엄마는 매일 소주만 마시고 우울하다고 저하고 동생한테 짜증만 내요. 너무 속상해서 친구에게 이야기를 했지요. 친구는 우리 집 이야기를 선생님한테 말하구요. 엄마는 화가 더 나신 거예요. 네가 내 속을 뭘 안다고 오히려 우울해하냐구요. 엄마가 저의 따귀를 쳤어요. 저도 도저히 참을 수가 없어서 엄마한테 소리치고, 물건을 던졌어요. 엄마도 똑같았어요. 우리 집은 엄마와 제가 성격이 똑같아서 우울한 행동도, 짜증도 똑같이 닮아 가요. 분노가 제대로 조절이 안 되는 거예요.

상담자 3- 언제부터 이런 일이 생겼어요?

내담자 3- 엄마와 아빠가 이혼한 뒤 부터였어요.

상담자 4- 엄마 아빠는 언제 이혼했어요?

내담자 4- 초등학교 때요.

상담자 5- 음, 초등학교 때였구나.

내담자 5- 아빠는 우리 집보다는 아빠 친구들과 노는 것을 더 좋아했어요. 아빠는 놀다가 늦게 퇴근하셨어요. 엄마는 늘 그게 불만이셨나 봐요.

상담자 6- 친구도 아빠가 늦게 퇴근하시면, 불만스러웠어요?

내담자 6- 아니요. 아빠가 늦으시나 보다 생각하고 엄마보다 먼저, 잠을 잤어요. 하지만 아빠는 저희들을 무척 좋아하고 재미있게 놀아 주기도 했어요. 아빠가 좋았어요. 엄마는 불만이셨겠지만요. 그런데 어느 날 엄마가 이사를 간다고 하시잖아요. 그래서 우리는 이사를 했어요. 그 이사한 날이 엄마와 아빠가 이혼한 날이었어요. 차라리 이혼하기 전에 엄마가 아빠와 이혼한다고 했으면 좋았을 텐데, 우리에게는 한 마디도 없었어요.

상담자 7- 친구가 뭔가 하고 싶었던 이야기가 있었나요?

내담자 7- 그럼요. 당연하죠. 아빠한테 사랑한다는 솔직한 말 한마디를 전하지 못했거든요. 아빠가 나를 버린 거예요. 그때부터 엄마가 미워지기 시작했어요. 화가 나고 학교에 가기도 싫고 밥맛도 없고, 우울했어요. 엄마나 저나 표현이 부족해서 서로 말을 잘 하지 않아요. 화가 나도, 똑같이 우울해서 그래요. 그렇다고 제가 엄마를 때릴 수는 없잖아요. 엄마도 나도 감정조절이 안 돼요.

위 사례의 이 청소년은 현재, 한부모가정이 되어 엄마와 살고 있다. 처음 상담을 의뢰한 내담자는 청소년의 어머니다. 하지만 어머니의 어려운 문제 뒤에는 자녀양육의 어려움이 있음을 알았다. 그 후에 어머니와 자녀들이 함께 참석하여 가족상담을 진행하였다. 가족상담의 과정으로 우리 가족의 현재 외재화의 문제에 대한 영향력을 탐색하게 되었다. 처음에는 대답도 없고, 뾰로통한 청소년은 5회기 정도에서 조금씩 눈을 맞추고, 그동안 숨겨 두었던 자신의 분노상황을 드러내었다. 어머니는 이혼에 대한 분노감정을 조절하지 못하고, 이러한 분노를 자녀들에게 투사하는 과정에서 가족싸움이 발생하고 나아가서 어머니는 자녀의 숨긴 감정에 폭력으로 대처했고, 이는 자녀의 학교생활에 악영향을 미친 것이다. 하지만 상담을 통해서 가족의 문제를 해결할 수 있었고, 나아가 어머니의 우울증도 치료하는 계기가 되었다.

따라서 청소년기 분노는 환경적인 적응에 대한 문제와 사회적 환경과 부모의 안정적 환경과 애착관계 그리고 학교 환경이 중요함을 알 수 있다. 이러한 요인들이 청소년들에게 상실감과 좌절감 그리고 분노를 일으키는 것이라 볼 수 있다.

5. 성인기

성인기는 자신의 자녀의 연령에 따라 분노표현을 하게 된다. 예를 들어, 자녀가 영아기인 직장인일 경우에는 어린 자녀를 어린이집에 맡기는 고민과 한편으로는 퇴근 후에 자녀 돌봄과 더불어 집안일도 해야 하는 스트레스를 가지고 있다. 이러한 이중적인 것들은 종종 어린 자녀에게 분노로 표출되기도 한다. 어린 자녀는 엄마가 자신과 놀아 주기를 원하지만, 엄마가 집안일을 해야 하기 때문에 놀아줄 수 없는 상황에서 어떤 엄마는 어린 자녀에게 소리를 지르기도 하고, 우울증이 발생하기도 한다. 또한 아동을 자녀로 둔 성인기의 어른들은 자녀의 학교생활과 더불어 성적 문제, 친구관계, 왕따 등에 관심을 가지기도 하지만 자녀가 부모보다는 또래집단을 가까이하기 때문에, 이때 성인기 부모는 분노를 만성적 분노인 짜증이나 화를 통하여 표현하기도 한다. 또한 중·고등학생을 자녀로 둔 성인기 부모들은 질풍노도의 시기로 정서조절이 어려운 상황에서 성적과 대학입시 등으로 스트레스를 받고 있는 자녀들과 많은 분노를 표현하고 있다. 특히, 자녀의 청소년기에는 어머니들의 빈둥지증후군과 아버지의 파랑새증후군이 생리적·정서적인 요인들이 맞물려 발생하기 때문에, 성인기의 분노는 자칫 가정의 붕괴로 이어지기도 한다. 또한 성인기의 분노는 약물을 가까이하는 경우도 발생한다.

성인기 중에 중년기는 자신이 늙어 가고 있음을 인지하게 된다. 머리는 희어지고, 체력은 감퇴되고, 지적 활동도 저하됨을 느끼기 시작하면서 늙어 가는 것에 초조하고 불안해진다. 기억력 감퇴로 오래된 일은 기억이 잘 나지만 최근 일은 잘 잊어 버리고 기억이 안 나는 것도 많다. 새로운 것을 배우는 학습 능력도 감소되고 융통성이 없어져 감으로써 변화에 저항하는 경향이 좁아지고 모든 일에 의욕과 열정이 줄게 되어 모든 일들에 불평과 불만이 많아져 비관적이 되고 체념을 많이 한다.

또한 중년기 후반에는 고독감을 쉽게 느낀다. 핵가족화된 사회에서 성장한 자녀들은 독립해 나가고, 도시생활에서 유대감은 없어지고 고독과 쓸쓸함을 느낀다. 또한 배우자나 주위의 친지나 친구의 죽음에 대한 불안감이 증대된다. 직장에서의 은퇴, 사회적 지위와 위신의 하락 그리고 경제적 타격 등은 중년들에게 사회적 소외감과 고독감을 더욱 강하게 느끼게 한다. 스트레스에 대처를 못하면 우울감을 느끼고 심하면 흥분, 착란, 정신병적 사고를 보이기도 한다. 또한 무력감, 실패감, 자존심 손상 등은 분노, 적개심 등을 갖게 하고, 주위에 대한 불만이 가중되어 우울은 더욱 심각해지기도 한다. 중년기의 우울증은 흔한 것이지만 등한시하거나 가볍게 보아서는 안 될 것이다(임은희, 2010). 또한 중년기의 여성들은 빈둥지증후군과 파랑새증후군 과정에서 분노가 더 다양해질 수 있다. 여성은 빈둥지증후군의 상황에서 자녀들과 점점 벽이 생기며, 의사소통까지 소홀해질 경우 더욱 힘들어지게 된다. 남성이 파랑새증후군 상황에서 가족에 대한 책임감을 내려놓고 어디론가 떠나버리고 싶은 생각을 가질 경우에 분노는 억압되기도 하며, 다른 환경 상황에서 나타날 수가 있다. 따라서 성인기에는 자신과 가정의 안녕을 유지하기 위해서 분노표현을 적절하게 조절할 수 있도록 자신 스스로 긍정적인 상황을 선택하여 노력할 필요가 있다.

김해진(2006)의 '성인애착유형, 특성분노 및 음주문제의 관계'의 연구에서는 특성분노와 분노표현 양식의 차이를 알아보고, 특성분노가 음주문제에 영향을 미치는 데 있어서 분노표현 효율성의 조절 효과가 나타나는지 알아보았다. 이를 위해 대학생 394명을 대상으로 성인애착유형, 특성분노, 분노표현 양식, 음주문제를 측정하는 질문지를 실시하였다. 먼저 성인애착유형에 따른 특성분노의 차이를 알아본 결과, 의존형과 두려움형 애착 집단은 안정형 애착 집단보다 특성분노가 유의하게 높은 것으로 나타났다. 성인애착유형과 분노표현 양식의 관계에서 두려움형 애착 집단은 안정형 애착 간에는 분노표현양식에서 차이가 없었다. 하지만 성인애착 집단에 따라 분노표현 효율성이 특성분노를 조절하여 음주문제가 다르게 나타나는지 알아본 결과, 의존형 애착과 두려움형 애착 집단에서 분노표현 효율성이 특성분노를 조절하여 음주문제를 낮추는 것으로 나타났다. 안정형과 거부형 애착 집단에서는 분노표현 효율성의 조절효과가 나타나지 않았다. 따라서 성인기의 분노는 자녀의 발달단계에 따라서 표현의 강도가 다르게 나타나기도 하며, 나아가서 생리적·정서적인 정신건강에도 관련이 있다.

분노가 치밀어서 이제는 도저히 남편과 살 수 없다는 내담자의 사례를 살펴보자.

상담자 1- 언제부터 남편과 침실을 따로 사용하셨어요?

내담자 1- 이제 2년째가 됩니다. 더 이상 남들에게 연극하면서 살 수가 없어요. 분노가 치밀어서 도저히 남편과 살 수가 없어요.

상담자 2- 분노가 치밀어서 남편과 살 수 없는 이유가 발생했군요.

내담자 2- 예(한숨을 쉰다). 남편은 아주 찢어지게 가난한 집에 장남이예요. 연애 시절에는 '내가 결혼하면 당신 부모와 당신에게 잘해 줄 거야'라고 그럴 듯하게 약속을 했어요. 하지만 결혼한 날로부터 그 약속은 어디로 갔는지 남편은 180° 다른 행동을 하였어요.

상담자 3- 어떤 행동을 하셨어요?

내담자 3- 늦은 퇴근에다가, 주말이면 아내보다는 TV를 친구로 삼아 아예 누워있어요. 더군다나 TV를 보다가 아이들과 서로 다른 채널을 보겠다고 싸움을 한다니까요. 하물며, 형광등 하나 끼워 주지 않지, 부엌일도 하나 도와주지 않지, 저도 직장 여성인데 남편은 무슨 벼슬아치처럼 집에 오면 군림하고 있어요.

상담자 4- 직장 여성이시군요. 직장 생활을 하면서 가정 일까지 하는 것은 남편의 도움이 없으면 많이 힘드시지요.

내담자 4- 당연하지요. 남편이 형광등이라도 하나 끼워 주거나, 못이라도 박아 주면 얼마나 좋겠어요. 손 하나 까딱하지 않았어요.

상담자 5- 결혼 전에는 친정식구와 ○○씨에게 잘해 준다고 하셨는데, 남편의 말을 믿으셨어요?

내담자 5- 당연히 믿었지요. 당연히 약속대로 해 줄 것이라 100% 믿었지요. 그런데 웬걸요. 결혼 전에 친정아버지가 하도 엄마와 싸우니까 얼른 결혼해서 이 집구석을 탈출해야겠다고 생각했어요. 당시에 연애할 때는 남편이 엄청 잘해 주었거든요.

상담자 6- 친정집을 탈출해야겠다는 생각으로 결혼을 하셨군요.

내담자 6- 그렇지요. 그런데 지금 남편의 모습에서 친정아버지의 모습이 보여요. 정말 분노가 치밀어서 살 수가 없어요.

위 사례에서 내담자는 결혼 전 원가족으로부터 탈출하고 싶은 감정이 있었다. 그러한 계기로 결혼을 하였지만 남편에 대한 불만족으로 분노가 치밀어서 도저히 못살겠다는 이야기를 한다. 분노의 원인은 남편과의 관계에서도 있지만 먼저 원가족으로부터 미해결 과제가 있다. 그 미해결 과제는 결혼생활에서 지속적으로 어려움을 주는 원인도 되었다. 추후 지속적인 개인상담과 부부상담에서 내담자는 오랫동안 미해결 과제를 안고 살았지만, 충분한 분노감정들을 표현함으로써 분노를 조절할 수 있었다. 남편 또한 부부상담을 병행함으로써 결혼 전후로 다른 행동을 보인 이유가 남편의 원가족으로부터 오는 것을 발견하였다.

부부는 원가족의 미해결 과제가 결혼생활에도 부정적인 영향을 주는 것을 알았다. 하지만 인지변화를 통한 평가와 결혼생활에 대한 재구성을 통하여 부부애를 회복하였다. 따라서 어린 아동이나 청소년을 자녀로 둔 부부들은 자녀의 문제로 분노가 발생하기도 하지만, 이렇게 직장 여성일 경우, 일과 가정을 병행할 때 많은 스트레스와 불만이 발생하여 부부간에 불협화음이 나타난다.

다음 사례는 한 중년 여성이 자녀들의 교육을 위한 방법으로 매를 자주 든 경우이다. 그 매는 내담자에게는 하나의 교육방법이었다.

상담자 1- 자녀를 훈계한다고 매를 드셨어요?

내담자 1- 그렇지요. 우리 아이들이 공부도 잘하고 모범생들인데도 불구하고 어릴 적에 엄청나게 때렸어요.

상담자 2- 엄청나게 때렸으면, 어떻게 때렸다는 거지요?

내담자 2- 죽을 정도로 아이들을 때렸어요. 하지만 어떤 부모가 자식을 죽이겠어요. 그냥 교육시킨다고 때린 거지요. 하지만 더 화가 나고 분노가 치민 것은 오히려, 남편이 자식과 나를 무릎 꿇게 하고 오랫동안 훈육을 하는 그 자체가 너무 속상했어요.

상담자 3- 아내 분께서는 자녀를 훈육하시고, 남편은 아내와 자녀를 무릎 꿇게 하고 훈육을 했다는 거네요. 그런 남편을 어떻게 생각하셨어요?

내담자 3- 우리 부부에게는 아무 문제가 없어요. 우리 남편은 아주 훌륭한 양반이에요. 하지만 제가 잘못해서 아이들을 마구 혼낸 거예요. 이제 와서 나 스스로 자녀교육이 잘못됨을 깨닫고, 자녀들에게 과거에 내가 잘못했다고 용서를 빌었어요.

상담자 4- 자녀들이 용서를 해 주셨나요?

내담자 4- 아니요. 아이들은 뭐 이제 와서 새삼스럽게 용서를 비냐고 하죠. "나는 엄마를 용서하지 못한다"고 했어요. 나는 하루에도 몇 번이나 저 스스로 용서를 빌어요. 아이에게도 용서 빌구요. 언젠가는 용서하겠지요.

상담자 5- 언젠가는 용서를 할 수 있을까요? 기회를 만드셔서 자녀도 함께 상담을 의뢰하면 좋겠습니다.

내담자 5- 그러지요. 우선 제가 먼저 제 마음의 상처들을 치료받고 싶어요. 제가

> 지금까지 걸어온 길이 그리 순탄하지는 않았거든요. 결혼 전까지는 너무나 힘든 삶을 살았어요. 저는 없고, 오직 남을 위해서 살았어요. 그것도 제가 원해서가 아니라, 부모가 원하기 때문이었지요. 결혼도 마찬가지였어요. 부모가 원하고 부모의 마음에 드는 사위고 남편이었어요. 그런 남편이 훌륭한 남편이라고 하지만 저와는 소통이 안 되네요. 저는 저대로 자녀를 어떻게 양육해야겠다는 마음이 있었는데, 남편은 오히려 부모가 된 저의 체면을 망가뜨리니 말이에요.

위 사례에서 볼 때 성인기는 부부간에 문제가 없을지라도 자녀가 성장하면서 자녀 교육 때문에 정서적 부부싸움으로 이어지는 부부들이 많다. 부부의 사고와 감정이 다르다 보니, 자녀 교육에 있어서도 견해 차이가 날 수 있다. 하지만 한쪽 아버지나 어머니의 입장에서 자신의 주장만 내세우면, 결국 자녀가 잘 되라고 한 교육이 부부의 싸움이 되고, 나아가서 자녀가 희생양이 될 수도 있으며, 자칫 이혼의 위기까지 갈 수도 있다. 하지만 이 여성의 자녀 교육에 숨겨진 감정은 자신이 성장하는 과정에서 공부보다는 일만 시키고, 돈을 벌게 하는 원가족 부모의 정서적 학대로부터 분노의 감정을 자신의 자녀에게 투사한 것임을 알았다.

원가족으로부터 미해결로 남겨진 부정적인 정서경험은 내담자가 성인이 되어 결혼을 했을지라도 그 분노의 정서는 무의식적으로 전수되기도 한다. 따라서 상담의 과정에서는 내담자의 숨겨진 분노를 외재화의 문제로 접근할 필요가 있다. 그러므로 성인기 분노는 자신뿐만 아니라 자녀에게도 분노로 발생할 수 있다. 이러한 분노는 과거 부모로부터 오는 양육과정으로 답습될 수도 있다. 분노를 긍정적으로 조절하기 위해서는 분노와 관련된, 과거 상처를 준 사람을 용서함으로써 분노를 표현하는 정서조절이 필요하다.

Part

02

정서조절

정서조절은 사람들이 살아가는 일상생활에서 어떤 상황에서든지 선택해야하는 하나의 방략이다. 이러한 방략은 어떤 상황에서 사람들이 어떻게 인지하느냐에 따라 부정적으로 조절할 수도 있고, 긍정적으로 조절할 수 있다. Part 02에서는 Chapter 04. '정서조절의 이해'와 Chapter 05. 'Gross의 정서조절'로 구성되었다. 정서의 이해와 종류 그리고 정서조절의 개념, Gross의 정서조절과정을 통해서 정서조절 방략들을 알게 될 것이다.

Chapter 04 정서조절의 이해

우리는 행동할 때, 다른 사람에게 선을 베풀고 상처를 주지 않도록 항상 신중해야 한다.
- 리차드 백스터 -

정서는 개인과 집단의 어떤 장소에서든지 어떠한 상황이든 나타나기도 하고, 정서에 따라서 개인과 타인의 관계가 조화되기도 하고 때로는 해체되기도 한다. 이러한 정서는 개인마다 환경마다 그리고 집단무의식의 답습된 틀 속에서도 다양한 용어로 사용된다. 이 Chapter에서는 정서조절과 관련된 정서의 개념, 정서의 종류를 살펴보고 정서조절의 개념을 살펴보고자 한다.

1. 정서의 개념

정서(emotion)란 개인이 인지적·생리적 그리고 사회적 등의 어떠한 상황에서 외적 자극이나 내적 자극을 받을 때, 의식적 또는 무의식적으로 다양한 희로애락을 느끼는 것으로 육체적으로 표출되거나 심리적 변화를 통해서 나타난다.

정서는 사전적·개념적 정의에 의하면, 기분, 감정, 느낌 같은 몇몇 용어와 구분되어 사용되기도 하고 혼용되기도 한다. 이러한 정서(emotion, 情緖)는 심리학적인 용어로 주로 사용되는데, 주관적 경험, 표출된 행동, 신경화학적 활동이 종합된 극도로 복잡한 여러 가지 현상을 일컫는 말이다.

정서는 라틴어로 '밖으로'란 뜻의 'e'와 '움직인다'는 뜻의 'movere'가 합쳐진 것으로 근본적인 자극기능이 '움직여 나간다'는 뜻에서 유래되었다. 따라서 정서는 '밖으로 움직여 나간다'는 의미를 지니고 있다. 무엇인가를 밖으로 움직이게 하려면 우선 주위에 자극 존재가 있어야 하며, 그렇게 움직이는 반응행위를 가능하게 하는 유기체의 조건이 고려되어야 한다. 따라서 심리학의 다른 개념들처럼 유기체, 환경 가운데 어느 쪽에 초점을 두느냐에 따라 정서의 정의가 달라지며(정명화 외, 2005), 이해하는 것도 연구자에 따라 다르다.

고대 그리스 시대부터 철학자들은 정서를 다양한 의미로 다루어 왔는데, 정서는 그것이 가지는 개인적이고 주관적인 특성 때문에 수 세기에 걸쳐 연구자들에게 다루기 힘든 주제였다. 그렇지만 18세기 후반에 이르러서 통제적, 합리적, 계산적 사고와 다른 본능적 힘을 가진 것으로 여겨졌다(Barbalet, 1998). 이렇게 정서와 사고를 다른 것으로 간주한 이유는 정서가 통제할 수 없는 것으로 자율적, 생물학적 지배를 받는 자연현상이며, 예술·문학·시·음악과 관련을 맺고 있지만 사고는 의도적이고 통제할 수 있는 것으로 학습된 현상이며, 논리학·과학·수학과 관련을 맺고 있기 때문이다(Ratner, 2000). 20세기에 들어서야 심리학자들과 신경과학자들이 정서에 관심을 두게 되었다.

최근에 인지과학, 심리학, 생체학, 의학, 인류학, 동물행동학, 두뇌과학 등의 학자들에 의해 이론이 구축된 정서는 James(1884)의 『Mind』라는 저서에서 문제가 제기되었다. 그리고 정서가 체계적으로 연구된 것은 Wundt가 1879년 라이프치히에 심리학 실험실을 창설한 이후부터로 보고 있다. 당시의 사람들은 주인-노예의 관점에서 인지와 정서를 해석하였다. 정서는 이성보다 원시적이고, 덜 지적이며, 위험하므로 이성에 의해 통제될 필요가 있다고 보았다. 또한 이성 우위의 관점에서 볼 때, 정서를 연구하는 것은 영혼의 서로 다른 갈등적이고 상반된 측면을 다루는 것이 되므로 기피되는 경향이 있었다.

그러나 T. Hume은 "이성은 열정(passion)의 노예이며 또 그렇게 되어야 한다"는 주장으로 그 당시 철학에서 주로 정서의 철학적인 측면만 강조하여 정서의 생리학적·사회학적·행동적 차원을 등한시하거나 부정하는 것에 대하여 다른 입장을 표명하였다. 그렇지만 당시의 정서에 대한 철학적인 견해는 사회과학적·경험적인 토대를 기피한 것으로 볼 수 있다(오세진, 1999; Solomon, 1993).

정서에 대한 개념은 학자들마다 접근방법에 따라 다르게 이해하고 있다. 생물학적 차원을 강조하는 James(1884)는 "자극적인 사건을 지각하자마자 신체변화가 나타나며, 이러한 신체변화에 대한 느낌이 바로 정서다"라는 주장은 신체변화가 선행되고 이어 이에 대한 느낌을 경험하게 된다는 측면에서 정서의 주관적·생물학적 측면을 동시에 강조하고 있으며, 그 가운데 신체변화가 선행된다고 하는 점에서 생물학적 측면을 보다 강조한다.

생리학적 차원을 강조하는 Cannon(1929)의 "정서는 신체적 기제, 특히 내장과 내분비계의 변화를 수반하는 유전적으로 정형화된 반응이다"라는 주장은 즉, 정서유발에서 뇌가 하는 역할에 많은 관심을 가지게 해 준다.

인지적 측면을 강조하는 Lazarus(1991)는 "정서는 전반적 평가, 행동경향성, 심리적 반응양상이나 주관적인 경험 등의 모두를 포함하며, 이들 모두는 평가 이후에 연쇄적으로 일어나는 대처과정으로 간주할 수 있다"라고 정의하며 평가라는 인지적 과정을 정서에서 가장 강조하고 있다.

기능적 측면을 강조하는 Plutchik(1980)은 정서는 "인간이 환경에 잘 순응할 수 있도록 행동을 준비시키는 내적 동기인이다"이라고 정의한다. Plutchik의 정의는 정서가 모든 동물의 기본적인 생존기제로서 작용하고 있음을 반영하고 있다.

사회적 측면을 강조하는 Frijda(1986)는 "정서는 환경과 관계를 설정, 유지, 해체하려는 경향성이다"라고 정의한다. 이는 정서의 주변 환경이나 사람들과의 상호작용을 보다 강조하는 것이다(최준식, 2006; Joseph LeDoux, 1998).

정서의 개념은 아직까지 다양한 용어로 사용되고 있다. 또한 정서는 다양한 학자들의 관심 분야에 따라 정의가 다르지만 인간의 심리적, 신체적 그리고 환경에 적응하는 것과 인간관계 형성에 영향을 준다.

2. 정서의 특성

정서는 다른 심리적 구인과 구분되는 여러 가지 특성을 가지고 있는데, 그 가운데 대표적인 것은(Ekman, 1994) 정서반응에는 자극에 대한 자동적 평가기제(automatic appraisal mechanism)가 작동한다는 것이다. 모든 경우에서 평가가 자동적으로 이루어지는 것은 아니며, 평가가 의도적으로 이루어지기도 하지만 일반적으로 상당히 빠른 속도로, 지각도 못한 상태에서 자동적 평가기제가 작동한다고 볼 수 있다.

정서유발 상황에는 공통적인 요소가 존재한다. 경험에서의 개인적 차이나 문화적 차이에 따라 정서를 유발하는 변수는 유동적이지만 그럼에도 불구하고 특정한 정서를 유발하는 공통적인 요소가 있다. 정서는 인간뿐만 아니라 다른 영장류에서도 관찰된다. 정서는 너무나 빠르게, 무엇이 일어났는지 지각도 하기 전에 생성되지만 그 지속시간이 짧다. 빠르게 생성되지만 오래 지속되지는 않는 것이다. 또한 정서는 불수의적으로 생성되는데, 특정한 정서를 생성하기로 작정하고 이를 의도적으로 생성한다는 것은 거의 불가능하며, 특정한 사건에 의해 불수의적으로 촉발된다. 그리고 정서는 뚜렷한 생리적 반응을 수반하는데, 학자들에 따라 다소 차이가 있으나 특정의 정서는 특징적인 자율신경계(autonomi nervous system: ANS)의 변화를 수반한다고 한다.

모든 정서에서 나타난다고 볼 수는 없지만, 분노·공포·슬픔·혐오 등과 같은 특정 정서에는 뚜렷한 보편적인 신호(universal signal)가 나타난다. 흥미로운 사실은 즐거움이나 만족감, 자긍심과 같은 긍정적인 정서는 음성신호에서는 차이가 있지만, 모두 특정한 형태의 웃음이라는 하나의 신호를 공유한다는 것이다(정옥분 외, 2006; Ekman, Davidson, & Friesen, 1990).

3. 정서의 종류

정서는 다양한 경험에 따라 분류된다. Watson, Clark와 Tellegen은 감정적 경험이 지배적으로 구성되어 있는 것을 보면 흥분, 정열, 불안, 활기참, 짜릿함과 같은 서로 상반된 정서가 나타난다고 하였다. 정서를 두 개의 요소로 긍정적 정서와 부정적 정서로 분류하였는데, Watson과 Clark은 긍정적 정서와 부정적 정서가 서로 독립적이며, 부정적 정서보다는 긍정적 정서가 더욱 적응적인 행동을 예언한다고 하였다. 긍정적 정서는 개인의 내적 그리고 외적 양쪽 내에서 의미 있게 보이는 것으로 열정 등을 나타내는 정서로 정열적이고, 적극적이며, 정신차린 등과 같은 감정을 느끼는 상태를 말하며, 이 상태가 강한 사람은 높은 에너지를 갖고 있고 완전한 몰두를 하며, 즐겁게 과제를 수행한다. 반대로 부정적 정서는 불안을 나타내는 정서로 분노, 모욕감, 거북스러움, 죄책감, 두려움, 신경질적인 등의 정서를 느끼는 정도가 낮으면 편안한, 이완된, 평화로움과 같은 정서가 나타나게 된다. 이와 같이 긍정적 정서와 부정적 정서는 개인 내와 개인 간의 분석에서 확인되었고, 그것들은 시간구성(frames), 반응형식, 언어, 문화 그리고 다양한 어구(descriptor)의 조합(set)에 의하여 일관되게 나타난다(임낙철, 2009; Watson & Tellegen, 1985). 또한 긍정적 정서는 주관적 안녕의 핵심적 요소이고, 환경적 자극을 긍정적으로 평가한 의식상태이며, 스트레스와 같은 부정적 정서를 회복하고 미래의 역경에 탄력적으로 대응할 수 있는 심리적 자원들을 축적할 수 있는 기능이 있다(마유미, 2012; Fredrickson, 1998).

긍정적 정서는 기준에 따라 다양한 측면으로 구분한다. 유쾌한 정도에서는 황홀감, 환희감, 고양감, 행복감, 만족감, 안락감, 편안감, 이완감, 안도감 등이, 긍정적 정서를 유발하는 타인에 대해서는 애정감, 친밀감, 유대감, 귀여움, 사랑스러움, 신뢰감, 존경감 등이, 자신에 대해서는 자긍심, 자존감, 자신감, 수용감 등이, 어떤 대상에 대해서는 열광적 흥미, 즐거움, 재미감, 유쾌감, 심미감, 경외심 등이 경험된다. 한편 부정적 정서는 인간이 처하게 될 위험과 위협에 대응하도록 만드는 적응적 기능을 지니며, 부정적 정서의 경험은 삶의 의미를 깊이 있고 풍성하게 되돌아 볼 수 있게 한다(권석만, 2009). 즉, 긍정적 정서는 일상생활에서 건강한 삶을 살아갈 수 있는 안녕의 에너지를 창출하는 것이며, 부정적 정서는 건강한 삶을 살지 못하는 정신건강에 영향을 줄 수 있는 에너지를 억제하는 것이다.

일상생활에서 경험하는 긍정적인 정서들은 기쁨, 행복함, 즐거움 등이다. 그리고 부정적 정서 중 분노는 격노, 성가심, 좌절, 경멸, 걱정 등과 관련된 정서로서 예상되는 목표를 획득하는 데 방해를 받을 때, 자존심이 손상당한다고 지각할 때, 혹은 위협을 받을 때 유발되는 정서이다.

4. 정서조절(emotion regulation)의 개념

정서조절(emotion regulation)은 Freud의 방어기제 연구와 Lazarus의 스트레스 대처방법, Bowlby의 애착 그리고 Mischel, Shoda & Rodriguez의 자기조절과 같은 연구 분야에서 집중적으로 다루어져 왔다.

지난 십여 년 동안 정서조절에 대한 연구가 급속히 증가하면서, 많은 연구자들이 정서조절에 대한 다양한 정의를 제안하였다. 그러나 아직까지 연구자들 간에 정서조절의 개념이 합의되거나 타당하게 인정되지 않는다. 그만큼 정서조절은 매우 복잡한 개념이며, 하나의 행동으로 정의될 수 없는 폭넓은 구성개념이다(Gross, 2007; Walden & Smith, 1997). 이러한 정서조절에 대한 개념이 합의되지 않은 것은 연구자마다 견해가 다르고 주안점을 어디에 두고 설명하느냐에 따라 결과가 달라지는 다양성을 가지고 있기 때문이다. 정서조절에 대한 용어 또한 여러 가지로 혼용되고 있다. 정서조절(emotion regulation)과 혼용되어 온 통제(control), 방어(defense), 대처(coping)와 같은 용어 중에, Kokkonen & Pulkkinen(1999)는 정서조절을 통제의 의미로 사용하였고, Garnefski, Kraaij & Spinhoven(2001)은 정서조절과 대처를 같은 의미로 사용하여 연구하였다.

정서조절의 개념에 대해 살펴보기 전에 몇 가지 되짚어 볼 것이 있다. 그동안 정서조절과 혼동되어 사용한 통제(control)는 정서적 과정을 억제하는 방향을 의미한다. 반면에 조절(regulation)은 억제뿐 아니라 표현 및 발산을 포함하는 보다 광범위하게 사용되는 용어다. 방어(defense)는 정신분석의 이론적 바탕에서 유래한 용어로서 리비도적 충동이 야기한 불안을 조절하기 위한 무의식적 과정에 한정된다.

Monat & Lazarus(1966)는 대처(coping)를 스트레스 상황의 내적·외적 요구를 다루기 위해서 사용하는 인지적·행동적 노력이라고 정의한다. 대처는 주로 스트레스 자극에 대한 반응에 초점을 두는 의식적인 과정인 반면에 정서조절(emotion regulation)은 이러한 모든 대처 노력을 포함하는 보다 폭넓은 개념이다.

이와 같이 정서조절과 혼용된 통제(control), 방어(defense), 대처(coping) 등의 용어들은 차이가 있음을 알 수 있다.

정서조절 개념은 정신분석적 전통과 Lazarus의 스트레스 대처 연구의 전통에서 그 유래를 찾아볼 수 있다. 불안조절은 정신분석적 이론에서 중요한 개념으로, Freud는 부정적인 정서를 총칭하는 용어로 불안을 사용하였다. 그에 의하면,

욕구가 수용될 수 없을 때 불안이 야기되고, 이러한 불안이 조절되는 과정에서 자아방어가 작동한다. 예를 들면, 어떤 아이는 아버지를 향한 분노를 억제함으로써 아버지에게 화를 내는 것과 관련된 죄책감을 피하는 것이다.

Lazarus는 스트레스와 대처방법에 대한 연구에서 사람들은 하나의 사건에 대한 생각을 변화시킴으로써 개인의 정서반응을 변화시킬 수 있다고 제안한다. 이러한 대처반응(coping response)을 스트레스 자극이 야기하는 부정적인 정서를 조절하기 위한 방략으로 보았다. 그는 대처반응을 문제 초점적 대처와 정서 초점적 대처로 구분한다. 문제 초점적 대처는 상황 자체를 변화시키기 위한 시도이고, 정서 초점적 대처는 정서적 고통을 줄이기 위한 활동들로 회피, 선택적 주의, 인지적 재평가 등이 포함된다. Lazarus의 견해는 사건의 의미에 대한 개인의 인지적 평가가 정서적 경험의 출발점이며 정서에는 반드시 인지가 내재되어 있다는 것이다. 즉, Lazarus는 정서조절을 스트레스 대처 방법으로 접근하였고, 인지적 측면에서 평가에 핵심을 두었다는 것을 알 수 있다. 정신분석적 전통의 방어기제와 스트레스 대처 연구의 대처, 특히 정서 초점적 대처는 이후 정서조절 연구에 대한 토대를 마련하였다(이지영, 2008; Folkman & Lazarus, 1980).

최근에는 다양한 계층을 대상으로 정서조절 연구가 이루어지고 있다. Richards는 대학생들에게 자신의 정서를 변화시키기 위한 최근의 노력에 대해 묘사해 보도록 하였다. 그 결과 대부분의 사람들은 긍정적 정서를 의도적으로 만들고 증가시키며 긍정적 정서를 유지하려는 경향이 나타났다. 그러나 상반되는 감정은 감소시키고자 하였다. 또한 대부분의 사람들은 자신들의 부정적인 정서를 억압이나 회피의 방법을 사용하여 조절하는 것으로 나타났다. 자신이 싫어하는 사람들에게는 실망감을 감추는 경향이 있으며, 상당히 곤혹스러운 상황으로부터 관심을 돌리는 것으로 나타났다(정옥분 외, 2009; Boden & Baumeister, 1997). Beer & Lombardo(2007)는 정서조절을 심리학적 구조에서 뇌손상의 시각으로 보았다. 정서는 생리학, 현상학 그리고 상황평가에 관련하여 일어나는 얼굴 표정 변화와 유관하다고 본다. 또한 정서경험은 사람들이 대인관계에 있어서 정서표현의 정도를 조절할 필요가 있다는 것이다. 측두엽, 편도체가 행동 또는 환경을 선택하는 학습된 정서반응을 사용하는 데 도움을 준다는 것이다. 즉, 정서조절에 있어서 뇌손상은 사람들의 얼굴 표정과 정서표현에 영향을 끼치는 것이다.

Loewenstein(2007)은 인지에 기반을 두고 정서조절을 예측하였다. 정서의 능력과 정보처리를 통하여 동기부여의 결정적인 것은 정서와 인지의 복합적인 상호작용이 있음을 알아야 한다는 것이다. 예를 들어, 순간의 흥분으로 행동하는 것을 피하는 것으로 한 사람이 분노의 말을 하기 전에 열을 세는 것이다. 그는 인지와 행동의 영향들은 원인귀속의 정서적인 결과들로 지시함으로써 정서조절 능력을 가지는 것이 좋다고 하였다. 즉, 정서조절은 정서와 인지가 상호작용을 한다는 것이다.

Shaver & Mikulincer(2007)는 정서조절을 성인애착 방략으로 본다. 우울감이 있는 성인들의 관계 유지를 위한 방법으로, 불안정한 애착의 주요 범위는 이전의 애착 관계에서의 고통스러운 경험과 관련 있다. 부모 한 사람 또는 두 사람 모두 애착표현의 시작이 필요하다고 하였다. 또한 부정적인 정서표현은 오히려 악영향을 끼치게 된다. 회피하는 사람들은 어려운 문제에 있어 평가와 노력을 하지 않으며, 부정적인 정서가 높다. 또한 정서를 억압하고 부인하기도 한다. 이러한 요인들은 타인과의 관계 형성을 깨뜨리고 오히려 이기심을 증가시킨다.

따라서 성인애착 이론에 기초한 연구는 정서조절 기능 장애에 대한 치료방법을 제안하고 삶과 관계의 향상에 기여해야 된다고 본 것이다. 즉, 정서조절은 부정적인 정서가 높을 때에 성인애착에도 좋지 않은 영향을 미치게 된다.

Stegge & Terwogt(2007)는 정서의 인식과 조절에서 아이들이 정서의 핵심 과정과 정서조절 과정 사이의 상호작용을 돕기 위해서는 기초 지식이 필요하다고 하였다. 적절한 정서의 지식은 먼저, 구체적인 정서의 핵심 프로그램의 특성을 이해하는 것과 이러한 프로그램들로 강한 영향을 줄 수 있는 조절 활동에 대한 지식을 구분하여 제시해야 한다. 정서지도를 통하여 아이들로 하여금 화가 나는 것은 어떤 상황에서 경험한 것인가를 현상학적 지식으로 배우도록 한다. 이를 통하여 정서를 파악하고 표현할 수 있는 정서반응 조절 또한 배워야 한다. 이는 아이들이 어려운 정서를 적절하게 조절할 수 있어야 함을 나타내는 것이다. 즉, 아이들의 경우에 정서조절은 기초교육을 통한 정서조절에 대한 프로그램을 적용함으로써 적절하게 정서를 반응하고 조절하도록 지도해야 한다.

Kopp(1989)는 정서조절을 다음과 같이 본다. 정서는 긍정적인 정서와 부정적인 정서의 고양된 수준을 다루는 과정으로, 긍정적인 정서와 부정적인 정서 간에 조화를 이루는 것이다. 또한 기쁨, 즐거움, 우울, 분노, 두려움 등으로 이러한 정서들을 긍정적·부정적 정서의 수준을 높이는 데 필요한 대처 과정 또는 특성으로 보았다.

Thompson(1994)은 정서적 조절은 개인이 자신의 목표를 성취하기 위해 정서적 반응의 강력하고 순간적인 특징들을 관찰하고 평가하고 수정하는 외적 및 내적 과정임을 이야기한다. 즉, 정서조절은 자신의 외적 및 내적인 정서적 반응을 개인 스스로가 수정하는 것이라고 보는 것이다.

Gottman & Katz(1989)는 긍정적 또는 부정적 정서와 관련된 부적응적인 행동을 억제하고 정서의 강도가 유도될 때, 생리적 각성을 완화시키며 주의를 재집중하고 외적인 목적을 이루기 위해 행동을 조절할 수 있는 능력이 정서조절이라고 한다. 즉, 정서조절은 외적인 목적을 이루기 위한 생리적 각성을 완화시키고 주의를 재집중할 수 있도록 하는 것을 의미하는 것이다.

임희수(2001)는 정서조절을 특정 정서를 유발하는 상황에서 그 정서를 조절하기 위해 사용하는 대처전략으로 보았다. 즉, 정서조절을 상황에 따른 대처방략으로 본 것이다.

Mayer와 Gaschke(1988)은 메타기분이 기분을 살피고 기분과 판단 사이를 평가하여 좋은 기분은 유지하고 나쁜 기분은 변화시키려 작동한다고 가정한다. 정서의 조절은 궁극적으로 정서관리와 관련된 상위 수준의 초인지적 경험이다(Mayer, Salovey, Gomber-Kaufman & Blainey, 1991). McCoy와 Masters(1990)는 정서조절을 자신이나 타인의 부정적인 정서경험을 변화시키며 부정적인 정서경험을 방지하고 긍정적인 정서경험을 유지하는 것이라고 말한다(한선화, 2006; McCoy & Masters, 1990).

박서정(2004)은 정서조절이란, 긍정적이거나 부정적 정서표현이 필요한 상황에서 적절하게 긍정적이거나 부정적 정서표현을 하는 것을 의미하는 것으로, 정서적으로 자극되는 상황에서 유연하게 전략적으로 대처하고 반응하는 능력을 포함한다. 즉, 정서조절은 긍정적 정서와 부정적인 정서표현이다.

이지영과 권석만(2006)은 정서조절을 다음과 같이 보고 있다. 정서조절은 그 목표에 따라 다양하게 정의되고 있다. 정서조절의 목표는 크게 세 가지로 구분한다. ① 긍정적 정서의 증대와 부정적 정서의 감소, ② 긍정적 정서와 부정적 정서의 균형과 조화, ③ 상황적 맥락에 적절한 정서의 체험과 표현으로 나누어질 수있다. 정서조절은 그 기능을 개인 내적 기능으로 한정하느냐 아니면 사회적 기능까지 포함시키느냐에 따라 달리 정의되고 있다. 즉, 정서조절은 개인이 자신에게 체험된 정서를 조절하는 개인 내적 기능이라는 입장과 나아가 타인의 정서상태까지 변화시키는 기능을 포함한다고 보는 입장이다. 정서조절은 정서의 체험과 표현이라는 두 가지 측면에서 고려될 수 있다. 즉, 정서조절은 체험된 정서의 변화라는 측면과 체험된 정서의 표현방법의 변화라는 측면을 포함하고 있다. 특히, 정서표현은 타인에게 영향을 미치는 측면이므로 정서조절의 사회적 기능과 밀접한 관계를 맺고 있다. 마지막으로, 정서조절은 그것을 의식적으로 조절할 수 있는 기능으로 한정하느냐 아니면 무의식적인 영향을 받는 기능까지 포함하느냐에 따라 그 개념의 외연이 현저하게 달라질 수 있다(이은교, 2008).

아동들을 대상으로 정서조절 프로그램을 진행한 이은교(2008)는 정서조절을 다음과 같이 보았다. 우선 자신의 불쾌한 정서를 알아차리는 것이고 다음은 타인의 정서를 이해하는 것을 포함한다. 자신의 불쾌한 정서를 감소시키고, 극대화된 긍정적 정서나 부정적 정서를 조절하여 긍정적 정서와 부정적 정서의 균형적 조화를 이루는 것이다. 자신의 정서조절을 통하여 자신뿐만 아니라 타인의 정서상태까지 변화시키는 것을 포함하는 의미이다. 정서조절은 부정적 정서의 감소라는 목표를 이루기 위해 동원하는 다양한 노력으로서 구체적인 정서조절 방략에 초점을 두고 있다.

이지영(2008)은 정서조절을 개인이 불쾌한 정서를 예방하거나 감소시키기 위해 동원하는 다양한 노력으로 보았다. 즉, 정서조절은 부정적 정서를 감소시킬 수도 증가시킬 수도 있다고 보는 것이다.

이와 같이 연구자들은 정서조절을 다양한 관점으로 다양하게 정의하고 있음을 알 수 있다.

이상의 학자들이 제안한 다양한 정서조절 개념들을 정리하면, 정서조절에 대한 주장은 학자들마다 접근하는 관점과 방식에 따라 차이가 나타나는 것을 알 수 있다. 인지적·행동적 노력과 긍정적인 정서와 부정적인 정서 간의 조화이며, 의식적·무의식적 과정이다. 한 반응 영역의 활성화가 다른 반응 영역의 활성화를 조절하기 위해 작용하는 과정이며, 내·외적인 정서적 반응이다. 긍정적인 정서표현과 부정적인 정서표현으로 나누고, 긍정적인 정서증대와 부정적인 정서감소이다. 마지막으로 개인의 정서반응에 변화가 있다. 공통점은 인지적·행동적 노력에 따라 개인 정서의 반응변화가 있다는 점이다. 그러나 Gross의 정서조절 이론은 사람들이 어떠한 상황에서 발생할 수 있는 정서조절에 대하여 상황적인 평가와 재해석의 인지변화에 초점을 두었다는 점에서 차이가 있다. 결과적으로 Gross의 정서조절은 인지변화에 초점을 두고 상황에 따라 평가하고 재해석함으로써 반응조절이 일어나는 것이다. 일상생활에서 분노상황의 정서조절 개념을 정리하면 '사람들이 일상생활의 자신과 타인의 관계에서 분노 등의 정서를 언제, 어떻게 경험하고 표현할 것인가에 따른 평가와 재해석을 통하여 변화하는 반응조절'이라고 정의한다.

분노정서는 대부분 양육자와 애착관계 형성에서 안정애착과 불안정애착의 경험 속에서 신뢰와 불신으로 형성될 수 있다. 이러한 분노의 정서경험을 부정적 또는 긍정적으로 조절하기도 한다. 하지만 그러한 정서경험의 평가와 재해석에 따라 분노의 정서조절 연습과 노력을 통해서 긍정적이고 능동적인 삶의 변화로 이끌 수 있다.

Chapter 05

Gross의 정서조절

분노한다는 것은 다른 사람의 잘못에 대해 복수하는 것이다.
- 알렉산더 포프 -

Chapter 04에서 정서조절의 용어는 다양한 학자들이 관점을 어디에 두었느냐에 따라서 용어를 사용하였다. 본 Chapter에서는 Gross가 주장한 정서, 정서의 3가지 특성, 정서를 나타내는 3가지 단어들, 정서조절 과정, 정서조절에 대한 특성, 감정조절(affect regulation)과 다른 사물들과 중첩되는 구조, Gross의 정서조절 과정을 살펴보고자 한다.

1. Gross가 주장한 정서

Gross(2007)는 정서(emotion)와 정서조절(emotion regulation)이 관련이 있다고 본다. 정서(emotion)란 일반적인 언어에서 유래된 말로서 매일의 대화에서 나타나며 그 경계선이 모호하다. 정서는 부드러운 강도에서부터 강한 강도까지, 단순한 것에서부터 복잡한 것까지 그리고 사적인 것에서부터 공적인 것까지 그 범위가 매우 넓다. 예를 들면, 신발의 끈이 풀려서 짜증이 나는 경우, 경제적 격차에 대한 분노, 즐거운 농담, 정치적 모순에서 나오는 분노, 사랑하는 사람의 죽음에 대한 슬픔, 친구의 새로운 모습을 볼 때 나타나는 놀라움, 부모의 죽음에 기인한 슬픔, 도덕적 일탈에 따른 죄책감 등은 일상생활에서 느낄 수있는 정서들이다(Lewis, Haviland-Jones & Barrett, 2008; Gross, 2007). 즉, Gross가 말한 정서(emotion)란, 사람들이 일상생활에서 얼마든지 경험할 수 있는 정서와 관련된다. 따라서 정서는 강하고 부드러우며 단순하고 복잡하다. 그리고 사적이고 공적이며 경계선이 모호하고 매일 일상생활에서 나타나는 것이다.

2. 정서의 3가지 특성

정서는 3가지의 특성이 있다. 정서는 어떤 사람이 자기의 목표와 관련되어 있다고 생각하는 상황에 개입될 때 일어난다. 이러한 평가를 뒷받침하는 목표는 지속될 수도 있고, 아니면 일시적이 되고자 하는 것도 목표가 될 수 있고, 주변도 목표가 될 수 있다. 따라서 목표들이 의식적이고 복잡한 목표일 수도 있고, 무의식적이며 단순한 목표일 수도 있다. 또한 목표가 어떤 것이든 간에 개인에게 일어나는 상황의 의미가 무엇이든지 정서를 유발한다. 시간이 흐름에 따라 이 의미가 변하기 때문에 정서 또한 변하기 마련이다.

정서는 주관적 경험, 행동 그리고 중심 생리학 및 주변 생리학 영역에서 느슨하게 결합된 변화를 수반하는 다면적(多面的)이면서도 몸 전체에 나타나는 현상이다. 정서의 주관적 양상은 정서를 가지고 표현하는 것과 굉장히 밀접한 관계를 이루고 있어 일상에서 '정서(emotion)'와 '느낌(feeling)'이라는 용어가 대개의 경우 혼용된다. 그러나 정서는 무엇인가를 느끼게 할 뿐만 아니라, 무엇인가를 하고 싶도록 만들기도 한다. 이것이 정서를 설명하기 위해 사용하는 말 속에 반영되어 "화가 나서 펄펄 뛰고 있다" "눈물이 나온다" 또는 "무서워 얼어붙었다"라고 말하는 것이다.

확실한 방법들을 통해 행동하게 만드는 이 기분들은 정서반응과 연관된 운동 활동의 결과로 나타나는 연관된 행동반응을 기대한다. 그리고 자율적인 신경내분비적 변화와도 연관되어 있다. 정서에 수반된 행동 및 생리학적 반응 시스템에서의 성숙변화는 특히, 유아기 및 유년기의 정서발달에 아주 기본적인 역할을 한다.

정서와 연관된 다중시스템(multisystem) 변화가 반드시 의무적인 것은 아니다. 정서는 우리가 하는 것을 방해할 수도 있고, 깨닫도록 강제성을 띨 수도 있음을 의미하는 '통제 선행요소(control precedence)'라고 한다. 그러나 대개의 경우, 정서는 통상적으로 작용하고 있는 사회적 발달의 모체가 야기한 다른 반응들과 경합(競合)해야 한다. 정서조절 분석에 있어서 가장 중요한 어떠한 것이 정서조절을 가능하게 하기 때문이다. 즉, 정서는 자신과 관련되어 있을 때 개입하게 된다. 그러나 주관적 경험과 행동 그리고 생리학 영역에서 다면적인 다중시스템의 변화에 의무적이지는 않지만, 사회적 발달모체가 야기한 다른 반응들과 경합한다.

3. 정서를 나타내는 단어들

정서는 다양하게 사용된다. 정서(emotion)를 나타내는 단어들이 많아서 의사소통이 어렵다. 예를 들면, 감정(affect), 반영(reflect), 기분(mood), 일시적 감정(impulse), 느낌(feeling) 등의 사용에 기인한 모호함이다. 이러한 정서와 관련된 다양한 단어들은 정서적 처리 과정에서도 구별할 필요가 있다.

스트레스와 정서가 모두 중요한 사건에 대한 정서적인 반응에 포함된다고 볼 때,

스트레스는 일반적으로 부정적인 정서반응을 일컫는 말인 반면에, 정서(emotion)는 기분(mood)과도 구별될 수 있다. 기분(mood)은 대부분의 경우 정서(emotion)보다 더 오래 지속된다. 그러나 기분(mood)에 비해 정서(emotion)는 특정한 대상이 있으며, 그 대상들과 관련된 행동반응 경향성을 야기한다. 하지만 기분(mood)은 좀 더 멀리 퍼져 나가며, 접근 및 물러감 같은 광범위한 행동 경향성을 야기함에도 불구하고, 행동에 치우치는 것 이상으로 인지되기도 한다.

정서(emotion)는 다른 동기부여식 일시적 감정(impulse)과도 구별될 수 있다. 예를 들어, 배고픔, 목마름, 성행위, 통증 등이며 정서와 마찬가지로 각각의 동기부여식 일시적 감정(impulse)들은 유인가(誘引價) 및 구동력(驅動力), 지시 행동 및 힘을 북돋아 주는 행동을 보여 준다. 그러나 정서(emotion)가 잠재적 목표로서 훨씬 더 넓은 범위로 점점 발전되는 유연성을 가지고 있다는 점에서 다른 동기부여식 일시적 감정(impulse)과 구별된다. 그 결과, 물러서는 정서와 접근하는 정서를 구별할 수 있다. 그러나 정서가 일어나는 상황을 언급하지 않고서 정서의 행동경향성의 성숙을 좀 더 자세히 설명하기는 어렵다.

즉, Gross의 정서적 처리 과정의 정서(emotion)와 관련된 의사소통에서 스트레스는 부정적 정서반응이고, 기분(mood)은 행동보다는 인지를 더욱 편향시킨다는 것을 의미한다. 또한 일시적 감정(impulse)은 힘을 북돋아 주는 행동이다. 정서를 분노와 슬픔 같은 정서, 우울이나 도취와 같은 기분, 좋음과 나쁨 같은 판단을 수반하는 상태의 다양한 종류의 상위 분류로 'affect'로 본다. 또한 좋음과 싫음 같은 성향적인 상태(dispositional state), 활기참과 급한 성미와 같은 특질(trait) 등을 포함하는 쾌-불쾌 차원(valenced state)에서의 'affect'를 최상위개념으로 사용한다. 이러한 의사소통이 어렵게 된 상황에서는 정서에 다양한 요소가 포함된다(Scher, 1984). 따라서 Gross는 정서에 대한 의사소통을 어렵게 하는 부정적인 스트레스 상황 등에서는 정서반응의 인지에 초점을 두고 상황을 바꾸는 긍정적인 행동의 노력으로 구분하였다.

4. 정서조절 과정

Gross는 정서조절은 사람들마다 언제, 어떻게 느끼며, 표현하는 것이라고 하였다. 정서조절 과정은 첫째, 자율적이다. 둘째, 통제를 받는다. 셋째, 의식적이거나 무의식적일 수 있다. 넷째, 한 개 이상의 정서발생 과정에 영향을 미친다. 다섯째, 정서조절은 개인적인 목표에 따라 정서를 점점 약화시키거나 강화시킨다. 여섯째, 있는 그대로 유지할 수도 있다. 일곱째, 얼굴 표정이나 행동이 변하지 않음에도 불구하고, 정서경험과 심리적 반응에 큰 변화가 일어날 때처럼, 정서조절 또한 정서가 겉으로 나타남에 따라 정서반응 요소들에서 견고함의 크기를 바꿀 수 있다. 즉, 정서조절은 개인에 따라 다르게 나타날 수 있으며, 개인의 정서조절은 정서반응에도 다르게 나타난다.

5. 정서조절에 대한 특성

정서조절에 대한 특성은 다양하다. 사람들이 정서를 감소시키거나 증가시킴으로써 부정적 정서나 긍정적 정서 중 하나를 조절할 가능성을 명시적으로 포함한다. 사람들이 변화시키려고 노력하는 감정이 정서의 발달 단계에 따라 달라질 수 있는지에 대해서는 알려진 바가 거의 없다. 하지만 청소년들을 대상으로 인터뷰 조사를 했을 때, 그들이 경험적이고 행동적 경험 양상을 조절하는 데 집중하는 것을 볼 수 있었다. 부정적 정서 중 특히 분노, 슬픔, 걱정을 하향 조절하려고 하는 경향이 우세했는데, 이러한 정서조절 사례들은 사회적으로 거의 일치하였다. 참가자들에게 나타난 긍정적인 정서들을 예를 들면, 사회적으로 적응하기 위해 행복감을 조절했음에도 불구하고, 긍정적 정서들은 부정적 정서들보다 훨씬 덜 일어난 것이다. 이러한 사례들은 사람들에게 부정적 정서와 긍정적 정서 중에 어느 하나를 조절하려는 성향이 있다는 것을 보여 준다. 또한 청소년들의 경우, 정서경험 중에서 분노, 슬픔, 걱정을 부정적 정서로 구분하여 조절하려는 성향이 나타난다.

정서조절은 처음에는 의식적이고 신중하다. 하지만 시간이 경과한 후에는 의식적 자각 없이 일어난다. 예를 들어, 그 누구도 슈퍼마켓 계산대 앞의 길게 늘어선 줄에 서 있기를 좋아하지 않는다. 더디게 움직이는 줄이 수다스런 계산원 때문에 더 느리게 움직이면, 짜증이 분노로 바뀌고 그 분노가 우리의 생각, 감정,행동 그리고 실제로 우리 몸 전체를 통해 분명하게 나타나게 된다. 혈압이 오르고, 카트를 잡고 있는 손에 힘이 들어가게 된다. 그리고 그 계산원을 향한 좋지 않은 말이 떠오르지만 마지막 순간에 헐뜯는 말이 나쁜 상황을 더 나쁘게 만들 것이라는 생각을 한다. 이러한 상황은 처음에는 정서조절을 의식적으로 신중하게 하였으나 시간이 경과 한 후에는 의식적 자각 없이 정서조절이 일어나는 것을 보여 준다. 또한, 정서조절은 의식적·무의식적 조절이 일어나며, 능동적인 조절과 자동적 조절을 통해서 이루어진다.

방어가 특정한 형태의 정서조절로 반드시 좋은 것인지 나쁜 것인지에 대해 가정을 두지 않았다. 그 이유는 방어가 스트레스 대처방략으로서 잘 맞지 않으며 심지어 대비되는 것으로 미리 규정되는 경우 그리고 잘 맞는 것으로 사전 규정되는 경우에 스트레스와 그 대처방법을 다루는 문헌에 나타나는 혼란을 막을 수 있기 때문이다. 이러한 사전 규정은 방어적 과정의 비용(費用)과 편익(便益)에 대한 고려를 어렵게 만든다.

Gross는 이에 정서조절 과정이 일들을 문맥에 따라 호전시키거나 더 악화시킬 수 있다고 본다. 예를 들어, 부정적 정서를 약화시키는 인지적 방략들은 의료 전문가가 스트레스가 많은 환경에서 효율적으로 조치를 취할 수 있도록 도움을 줄 수 있다. 그러나 다른 한편으로, 감정이입(empathy)과 연관된 부정적 정서를 중화시킬 수도 있으므로 이러한 결과로 도움이 줄어들 수도 있다. 예를 들어, 어떤 어린이가 주의를 끌기 위해 큰 소리로 울 때처럼, 다른 사람들이 부적응적인 것으로 인식함에도 불구하고 한 사람의 목표를 달성시킬 수 있다. 즉, 방어(coping)가 정서조절 방략으로서는 잘 맞지 않기 때문에 정서조절 과정에는 효율적이지 못하다. 따라서 정서조절에서는 부정적인 정서의 상황도 인지적 방략을 통하여 긍정적인 정서로 상황을 바꿀 수 있다.

즉, 정서조절의 특성은 일상생활에서 사람들이 정서를 부정적 정서와 긍정적 정서 어느 하나를 의식적이고 신중하게 조절할 수 있다는 것이다. 하지만 시간이 경과한 후에는 의식적 자각 없이 일어나기도 하며, 때로는 정서조절이 특정한 상황에서 사람들마다의 스트레스에 따라 긍정적인 효과 또는 부정적인 효과로 나타날 수 있다.

6. 감정조절(affect regulation)과 다른 사물들과 중첩되는 구조

정서조절의 해석은 감정조절과 중첩되기도 한다. 특히, 대처(coping), 정서조절(emotion regulation), 기분조절(mood regulation), 방어(defenses)이다. 실제로 모든 목표 지향 행동은 기쁨을 최대화시키거나 고통을 최소화시키는 것으로 해석될 수 있다. 그 결과 넓은 의미에서의 정서조절이다.

대처(coping)는 부정적인 감정을 줄이고 우선적인 것에 초점을 맞추거나 훨씬 많은 시간을 투자하는 것으로서 정서조절(emotion regulation)과 구분될 수 있다. 예를 들어, 사별에 대한 스트레스 대처방법들을 들 수 있다. 또한 기분(mood)은 일반적으로 지속시간이 길고, 정서(emotion)보다는 특정 '대상'에 대한 반응을 수반할 가능성이 적다. 부분적으로 잘 규명되지 않고 있는 행동반응 경향성으로 인해 정서조절(emotion regulation)과 비교할 때, 기분조절(mood regulation)과 기분쇄신(mood repair)은 정서행동보다는 정서경험을 변화시키는 데 더 많이 관계되어 있다.

대처(coping)처럼 방어(defenses) 또한 일반적으로 공격성, 충동 또는 성적 충동의 조절 그리고 그것들과 연관된 부정적 정서경험, 특히 불안에 초점을 맞춘다. 일반적으로 방어는 무의식적이고 자동적이며, 안정적인 개인별 차이로 연구되고 있다. 이러한 중첩되는 구조들은 모두 기쁨을 증가시키고, 고통을 최소화시키는 것이므로 이러한 4가지 구조들은 모두 정서조절에 종합적으로 포함된 것이다. 즉, 정서조절이란 용어 안에 대처(coping), 정서조절(emotion regulation), 기분조절(mood regulation), 방어(defenses) 등이 모두 포함된다.

7. Gross의 정서조절 과정

Gross(2007)는 정서에 대한 모델 양식을 [그림 5-1]과 같이 제안하였다.

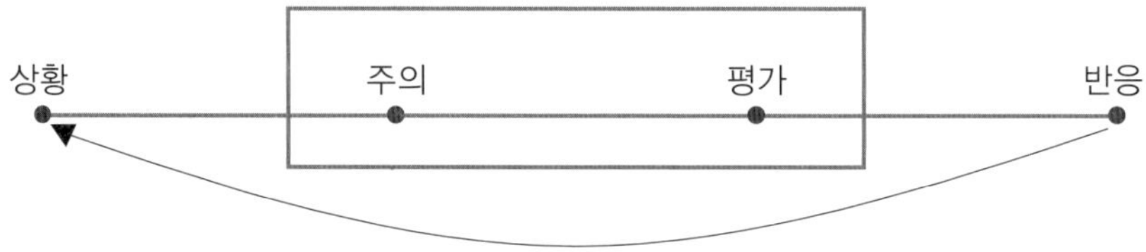

[그림 5-1] 정서모델 양식

정서모델 양식은 Gross의 정서특성 3가지를 토대로 구성하였다. 정서의 특성 3가지를 다시 말하면, 정서(emotion)는 어떤 사람이 자기의 목표와 관련되어 있다고 생각하는 상황에 개입될 때 일어나는 것으로서 주관적 경험, 행동 그리고 중심생리학 및 주변 생리학 영역에서 느슨하게 결합된 변화를 수반하는 다면적(多面的)이면서도 몸 전체에 나타나는 현상이다. 또한 정서와 연관된 다중시스템(multi-system) 변화는 반드시 의무적인 것은 아니다. 이러한 정서는 우리가 하는 것을 방해할 수도 있고, 깨닫도록 강제성을 띨 수도 있음을 의미하는 '통제 선행요소

(control precedence)'이다. 이 모델 양식은 사람-상황관계-개인에게 특별한 의미가 있는 진행 중인 사람-상황관계에 대하여 조정되고 유연한 다중시스템의 반응을 야기한다. 이 모델 양식은 정서에 대한 기초를 이루고 있으며 정서를 연구하는 연구자들과 이론가들이 공감하는 주요 요점들을 설명한다.

[그림 5-1]에서 정서모델 양식이 설명하는 상황-주의-평가-반응의 순서를 볼 수 있다. 이는 상황과 반응 사이의 블랙박스를 이용하여 심리적으로 연관된 상황에서부터 시작된다. 이 상황은 첫 번째 예시처럼, 계산대 앞에 줄을 길게 서 있는 것과 같이 대개의 경우 외부적인 상황이다. 그 결과 육체적으로 설명 가능한 상황으로 보았다. 그러나 심리적으로 연관된 상황은 정신적 표상에 기반을 둔 내부적 상황일 수도 있다.

이와 같이 정서반응은 여러 방법으로 생각되는 평가에 의해 발생한다. 상황의 친숙성(親熟性), 감정가(鑑定價), 가치관련성(價値關聯性)을 개인이 어떻게 평가하는지에 의해 일어난다. 그리고 정서는 종종 상황을 변화시킬 수 있기 때문에 정서 이후에 오는 반응 사례들이 나타날 가능성을 변화할 수 있다고 본다. 또한 평가에 의해 생성된 정서적 반응들은 경험적, 행동적 그리고 생리학적 반응 시스템의 변화와 관련이 있다고 본다.

따라서 정서모델 양식은 상황, 주의, 평가, 반응 중에서 연속적으로 일어나며, 주의와 평가에서 여러 반응에 대해 연속적으로 일어난다. 즉, 정서는 사람, 상황, 관계 속에서 개인이 생각하는 평가에 따라 여러 반응의 영향을 받으면서 일어나는 것이다. 이러한 정서반응은 개인의 정서경험과 행동 그리고 생리학적인 변화에도 영향을 준다.

Gross는 다양한 정서조절 행동에 깔려 있는 처리들에 대한 개념적 분석을 연구한 결과, [그림 5-1] 정서모델 양식에서 보았던 것을 이용하여 정서조절 행동이란, 정서를 만드는 과정에서 나타나는 여러 가지 다른 주된 영향력을 가지는 것이라고 한다.

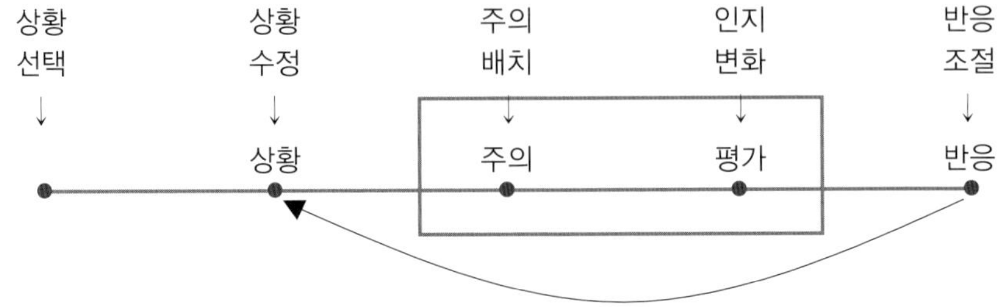

[그림 5-2] 정서조절 과정 모델 (Gross, 2007)

Gross는 정서모델 양식을 제안할 때는 정서조절 과정에서 정서반응이 일어나기 전에 조절이 일어난다고 생각했다. 그러나 조절은 정서반응이 일어나기 전이 아니라 정서반응 후에 일어난다. 또한 누군가 일상에서 정서를 조절하기 위한 것이다. 이러한 상호보완적인 점을 고려하여 [그림 5-2]의 정서조절 과정 모델을 제공한다.

모델 양식은 정서를 만드는 것에 연관된 일련의 처리과정을 구체화시켰다. 이 모델은 사람들이 개인에 따라서 각각의 정서를 조절할 수 있는 다섯 가지 종류의 정서조절 과정을 강조한다. 모델은 인지변화와 반응조절에 주안점을 둔다.

모델 양식은 상황을 선택하고, 상황을 수정하고, 주의를 배치하고, 인지를 변화한다. 그리고 마지막으로 반응조절이다. 즉, 정서조절을 위해 정서반응 후에 상호보완적 입장에서 상황선택, 상황수정, 주의배치, 인지변화 그리고 반응조절까지 연속적으로 일어나는 것이다.

1) 상황선택

상황선택은 일어날 것 같지 않은 상황이 가지고 있을 법한 특성 및 그 특성들에 대해 예상되는 정서반응을 이해하는 것이다. 따라서 상황선택은 개인이 노출되어 있는 특성 상황에서 영향을 받기 때문에 정서의 틀을 만들게 되고, 어떠한 상황하에서 더 쉽게 취할 수 있는 행동과 연관되어 있다. 예를 들어, 어떤 약속을 지켜야 하고, 어디로 가서 점심을 먹고, 누구와 시간을 보내며, 퇴근하고, 어떤 일을 할 것인지에 대해 수많은 결정을 내리는 것이 의미를 갖는다. 또 다른 예를 들면, 공격적인 동료 직원 피하기, 운이 없었던 날이 지난 후에 재미있는 영화 보기, 함께 실컷 울 수 있는 친구 찾기 등이다.

만약에 사람들이 정서의 영향을 받기 위해 한 발짝 다가가지 않는다면 정서의 틀을 알아 가는 데 어느 정도의 시간이 걸린다. 이러한 의식은 사람들로 하여금 상황선택을 통해 기본적인 정서의 틀을 바꿀 수 있도록 조치를 취한다. 또한 상황선택은 순간 발생하기 때문에 인식하기가 어렵다. 어린아이일수록 상황선택하는 능력이 없기 때문에 부모들은 아이들의 기질이나 흥미 등을 고려해야 한다(Gross, 2007). 즉, 상황선택은 사람들이 일상생활에서 있고 싶은 곳을 선택하는 것이다.

또한, 상황선택은 기본적인 정서의 틀을 바꿀 수 있는 노력이다. 그러므로 분노상황에 처해 있는 내담자일수록 상담자가 상황선택을 적절하게 도울 경우에 내담자가 일상생활 중에 잘 적응할 수 있다. 나아가서 상황선택은 내담자의 기본적인 환경도 바꿀 수 있다. 그리고 내담자들이 분노의 상황에서도 부정적인 정서 경험을 표현할 수 있도록 격려해야 한다. 또한 부정적인 정서를 긍정적인 정서로 바꿀 수 있도록 내담자 스스로 선택할 수 있는 능동적인 행동이 중요하다.

2) 상황수정

상황수정은 정서적 충격을 바꾸기 위하여 그 상황을 수정하려는 직접적인 노력들이다. 또한 잠재적 형태의 정서조절이다. 일상생활의 어떤 상황에서 단어의 불명확성을 고려하면, 이것은 명확한 선을 긋기가 어려운 일이다. 상황은 외적일 수도 있지만, 내적일 수도 있다. 예를 들어, 내가 좋아하는 TV프로그램을 시청하다가 정전이 되었거나 TV가 고장이 났을 경우를 상상해 보자. 이러한 상황에서는 TV를 보는 대신에 가족과 함께 게임을 할 수 있다. 이와 같이 상황을 수정하려는 노력은 우리의 정서적 영향력을 통해서 바꿀 수 있으므로 또 다른 정서조절의 형태로 나타날 수 있다.

상황수정은 정서표현과 관련이 있어 부모역할을 하는 데도 중요하며, 정서표현은 사회적 결과에 영향을 미치기도 한다. 그리고 현재 진행 중인 상호작용을 크게 변화시킬 수도 있다. 부모의 정서표현은 자녀의 정서표현에 영향을 미치며, 나아가서 자녀의 사회적 반응과도 관련이 있다(Lewis, Haviland-Jones & Barrett, 2008; Gross, 2007). 즉, 상황수정은 내담자가 처해 있는 장면이 명확하지 못할 때, 명확하게 상황을 변화시키는 수정으로 이는 내담자의 노력을 통하여 바꿀 수 있는 정서조절이다.

분노의 상황에서도 분노의 원인이 명확하지 못하고 그냥 화가 나거나 짜증이 나서 소리를 지르거나, 누군가와 싸움을 하게 될 수도 있다. 하지만 이러한 분노의 상황에서 화를 내고, 짜증을 내고, 소리를 지르고 싸움을 하려고 한다면, 상대가 어느 누가 되든 간에 내담자 자신과 타인에게 악영향을 미칠 수가 있다. 따라서 이러한 분노상황에서는 내담자들이 분노의 원인의 시발점을 명확하게 알고 자신을 수정하는 것이 중요하다. 이는 내담자가 인지적인 자각을 통해서 상황을 수정하는 노력이 필요한 것이다.

3) 주의배치

주의배치는 개인들이 주어진 상황 안에서 각자의 정서에 영향을 주기 위해 어떻게 주의를 기울이는가를 의미하는 것이다. 눈이나 귀를 막는 것과 같이 물리적으로 주의를 철회하고 내·외부적으로 주의를 전환할 수 있는데, 가장 대표적인 것으로 주의 산만과 반추를 예로 들 수 있다.

주의 산만은 정서상황으로부터 주의를 전환시키거나 전체적으로 집중하는 정서 상호작용 중에 그 시선을 바꾸는 것과 같이 상황 모두로부터 주의를 전환한다. 또한 맘에 들지 않는 정서상황과 일치하지 않는 생각이나 기억을 떠올리는 것과 같이 내적 초점을 바꾸는 것과 연관되어 있다(Lewis, Haviland-Jones & Barrett, 2008; Gross, 2007).

반추는 정서를 유발하는 사건과 연관된 생각이나 느낌에 초점을 둔다. 이는 슬프거나 화가 나는 사건에 대한 부정적 정서의 강도와 기간을 증가시키고, 우울감의 수준을 훨씬 뛰어넘는 능력과도 연관되어 있다.

따라서 주의배치는 상황을 수정하고 변화시키는 것이 불가능할 때 사용하는 것으로, 즉 주의의 초점을 변화시키는 것이다. 주의 산만과 반추와도 관련이 있으며, 슬프거나 화가 나는 사건에 대한 부정적 정서의 강도와 기간을 증가시키고, 우울감에도 영향을 주며, 긍정적 정서와 부정적 정서와도 관련이 있다.

'화가 나면 물, 불 안 가린다'는 속담처럼 분노의 상황에서는 부정적인 생각과 행동이 맞물려서 정서의 초점이 흐려질 수 있다. 대부분 내담자들은 이러한 상황에서 현재의 분노상황 때문에 혼란을 느낀다. 그러므로 내담자 자신이 누구인가를 생각할 수 있도록 해야 한다. 또한 내담자가 분노상황을 반추할 수 있도록 상담의 환경을 바꾸어 주는 것도 필요하다. 많은 상담자들이 상담실 안에서만 대면상담이나 집단상담을 진행하고 있다. 하지만 아름다운 자연 환경을 통해서 내담자의 정서의 초점을 바꾸어 줄 때, 오히려 내담자는 분노의 문제를 다른 곳으로 전환할 수 있다. 또는 음악회나 영화를 통해서도 분노의 정서를 전환할 수 있다.

4) 인지변화

인지변화는 그 상황 자체 혹은 그것을 통제하는 능력에 대해 어떻게 생각하는지를 변화시키며 상황에 대한 정서적 중요성을 변화시키는 방법으로 정서에 대한 평가를 재해석한다(Gross, 2002). 재해석은 그 상황에 대한 개인의 정서반응에 변화가 생기는 방법으로 상황에 대한 의미를 바꾸고, 내적인 정서를 변화시키며 부정적인 정서를 감소시킨다.

최근의 재해석에 대한 연구는 특히 부정적 정서에 대한 감소라는 의미에서 정서의 양적 변화에 초점을 맞추고 있다. 이러한 연구들은 재해석이 부정적 정서경험과 표현 행동을 감소시킨다고 주장한다. 재해석은 놀라는 반응과 신경내분비적 반응과 자동 반응을 감소시킨다. 부정적 정서를 일으키는 상황에서도 재해석을 사용하는데, 상황에 따라서 일상생활에서도 모두 이 재해석 방법을 사용하고 있다. 이러한 발견은 정서를 조절하는 것을 다루는 연구에서 생태학적 타당성을 가지고 있다.

재해석을 전전두엽 영역의 활성화를 상향 조절하는 데 사용할 때, 편도체와 같은 정서를 유발시키는 구조물의 활성화는 다소 감소한다. 또한 서로 모르는 대상자들이 서로 친하게 되는 과정에서도 인지적 재해석을 사용한다. 이러한 재해석은 정서유발 과정 초기에 개입하고 경험적·행동적·생리적 정서반응의 요소를변화시킨다(Lewis, Haviland-Jones & Barrett, 2008; Gross, 2007).

인지변화는 부모들이 아이들을 양육하는 과정에서 아이들의 정서반응이 발달할 수 있도록 도움을 준다. 아이들의 재평가를 통한 경험들은 성장 후에도 경험을 토대로 재평가하는 방법에 영향을 미친다. 이러한 인지변화에 대한 재평가는 나라마다 문화적으로 부정적인 정서를 표현하는 것이 다르다(Gross, 2007).

따라서 인지변화는 내담자가 처한 상황이나 내담자에게 발생한 사건을 재해석함으로써 변화를 주는 인지에 초점을 두는 재평가이며, 상황에 대한 개인의 생각을 변화시키는 것이다. 또한, 인지변화는 내담자의 뇌의 구조와 관련이 있고, 신경내분비적 반응을 자극하기도 하며, 정서의 반응에도 관련성이 있다. 분노의 상황에서 내담자에게 발생한 사건을 내담자 스스로 재해석하는 것은 어려울 수 있다. 하지만 분노의 영향에서 내담자가 처한 상황을 재해석하며, 재평가를 통한 삶의 새로운 변화를 내담자 스스로 인식할 수 있다.

5) 반응조절

반응조절의 마지막에 나타나는 반응 경향은 비교적 체험적·생리적·행동적 반응에 영향을 준다. 예를 들어, 운동이나 휴식은 부정적 정서의 물리적·경험적 측면을 감소시키는 데 사용할 수 있다. 또한 술이나 담배 그리고 약물을 부정적 정서의 생리적 및 경험적 양상을 줄이기 위해 이용할 수 있다. 반응조절은 정서표현 행동을 조절하는 데도 관련이 있다.

부모들이 자녀들에게, 느낀 감정을 표현하도록 하는 것이 정서관리 능력에 영향을 주며 상황에 따라 다를 수 있다. 개인의 정서표현 역시 개인마다 차이가 있고 문화적 차이에 따라 다르게 나타난다(Gross, 2007). 반응조절에서 연구가 가장 잘된 형태는 표현 억제이다. 이것은 현재 느껴지는 정서의 표현 행동을 감소시키도록 시도하는 것을 의미한다. 억제란, 상사에게 느끼는 분노를 감추려고 노력하는 것이나 동료가 옳지 않은 농담을 할 때 느껴지는 불안을 감추려고 노력하는 것이 포함된다(Lewis, Haviland-Jones & Barrett, 2008; Gross, 2007). 따라서 반응조절은 내담자의 정서반응을 변화시키는 것이다.

정서표현을 억제하느냐, 아니면 표출하느냐에 따라 분노, 우울, 불안, 공격성, 기쁨, 슬픔, 행복 등의 다양한 정서표현은 개인마다 다르게 나타난다. 분노를 가지고 있는 내담자들은 내향성과 외향성의 성격에 따라 다르게 언어적 또는 비언어적 소통을 한다. 대부분 내향성의 내담자들은 자신의 분노를 억압하는 행동으로 한숨을 쉬거나 눈물을 흘리기도 한다. 외향성의 내담자들은 자신의 분노를 큰 소리로 나타내며, 공격성의 제스처를 취하며 분노의 감정을 표현한다. 상담자는 내담자의 분노의 정서경험이 내담자의 발달단계에서 어디서부터 시발점이 되었는지를 확인해야 한다. 내담자의 분노는 대상에 따라, 연령에 따라 느끼는 감정과 표현이 다르다. 그러므로 상황에 따라 부정적 정서경험을 반응조절할 수 있도록 상담의 기법들을 적용해야 한다.

Part

03

정서조절의 상담적 개입

과거에는 주로 정신역동, 행동주의, 인본주의, 인지적 관점 등의 이론을 임상의 현장에서 대부분 적용하였다. 하지만 최근에 와서는 다양한 상담의 이론과 기법들을 통합하여 접근하고 있다. 또한 내담자의 성공이나 행복 그리고 내담자의 안녕과 관련된 삶의 향상을 강조하는 긍정적인 접근으로 상담의 과정을 이끌어 가는 단기상담을 적용하고 있는 추세이다. Part 03은 Chapter 06. '용서이론'과 Chapter 07. '분노와 정서조절의 상담적 개입'으로 구성하였다. 내담자가 정서의 경험을 긍정적이고 능동적으로 전환하여 조절하는 데 적용할 수 있는 용서상담의 이론들이다. 용서이론과 정서조절의 필요성을 이해하게 될 것이다.

Chapter 06 용서이론

행복한 결혼이란 용서하는 두 삶의 합일체다.

- 톨스토이 -

본 Chapter에서는 분노상황이나 억울한 상황에서도 용서가 얼마나 중요한지 알고, 용서란 무엇인지 이해하며 용서이론을 주장한 학자들을 살펴볼 것이다.

1. 용서의 이해

용서(forgive)는 사람들이 살아가면서 갖는 관계 속에서 꼭 필요한 실천적인 행위이다. 용서는 개인이 어떤 부정적인 상황에서 긍정적으로 선택하여, 정서를 조절하는 노력이다. 용서의 상황은 개인과 타인 간에 관계를 형성하는 가족공동체에서부터 직장, 학교, 사회 그리고 종교와 국가 간의 갈등 속에서 회복이 이루어지는 화해의 과정이다.

용서는 상대방을 향하여 조건 없는 사랑을 실천하는 것으로서 조건 없는 사랑이란, 상대방을 긍휼히 여기는 것이다. 긍휼히 여기는 것은 상대방의 영혼까지도 사랑으로 품어 주는 것이다. 조건 없는 사랑을 실천하는 것은 그리 쉬운 일이 아니다. 더군다나 상대방과의 관계에서 어떤 부정적인 경험과 상황이 있었다면 더욱 그렇다. 하지만 용서를 실천하기 위해서는 상대방의 언어적, 비언어적 행위들을 상대방의 입장에서 공감하고 이해해야 한다. 아울러 소통할 수 있는 연습과 노력이 필요하며, 부정적이고 비합리적인 사고 대신 긍정적이고 합리적인 사고를 갖고 능동적으로 실천할 수 있어야 한다.

사전의 개념적 정의에 의하면 '용서'라는 단어는 '지은 죄나 잘못한 일에 대하여 꾸짖거나 벌하지 아니하고 덮어 줌', '관용을 베풀어 벌하지 않음', '꾸짖지 아니함', '놓아 줌'이라고 되어 있지만 잘못을 덮어 주거나 벌하지 않는 것을 용서라고 보기에는 많은 어려움이 따른다. 용서라는 단어는 매우 복합적 의미를 내포하고 있기 때문에 문자적으로 정의 내리기가 결코 쉽지 않다. 또한 용서를 연구하는 학자들마다 용서의 초점과 그 끝을 어디에 두느냐에 따라 다양한 용서의 개념적 정의를 제시하기 때문에 학자들 사이에서도 용서에 대한 일치된 합의점을 찾기가 어렵다. 영어의 용서(forgive)라는 단어는 그 자체에 '주다(give)'라는 말을 내포하고 있으며, 용서의 또 다른 말(pardon)에도 '선물(donum)'이라는 말이 들어 있다(이선영, 2007).

용서에 관한 논의는 종교, 철학 그리고 사회학, 심리학 등의 인간관계를 연구하는 학문에서 지속적으로 연구되고 있지만 사용되는 의미는 모두 다르게 접근한다.

Enright 등은 용서를 정서적·인지적·행동적 체계, 즉 상대를 용서하는지를 포함하는 개념으로 정교화하였다. 이들의 정의에 따르면, 용서에는 상대에 대한 부정적 정서(분노, 미움, 증오, 원한, 슬픔 등), 판단(비난, 비판 등), 행동(복수, 처벌 등)이 사라지고 긍정적 정서(부정적 감정의 소멸, 동정심, 사랑 등), 판단(비판단적, 상대가 잘되기를 바람 등), 행동(도움을 주고자 함, 화해하고자 함 등)이 나타나는 반응을 포함한다. 또한 용서는 '상처를 입은 사람이 상처를 준 사람에게 당연히 가질 수 있는 원한, 부정적 평가 그리고 냉담한 태도를 기꺼이 버리고 그 대신 그에게 동정심, 너그러움, 심지어 사랑을 베푸는 것'(손운산, 2008)으로 본다.

Worthington(2003)은 "지각된 상처와 불법에 따르는 분노, 혹은 공포의 흥분이나 부당한 행동에 대해 자꾸 생각하면서 갖게 되는 앙심에 반대해서 긍정적 감정들(예를 들어, 공감, 동정, 자비, 이상적 사랑 혹은 낭만적 사랑)을 정서적으로 병렬하는 것으로, 그 결과 부정적 동기에서 중립적 혹은 긍정적 동기로 변화한다"고 주장한다. 3가지 정의에서 공통으로 나타나는 특징은 용서는 가해자에 대한 긍정적 감정을 발견하는 피해자의 일방적 혹은 무조건적 심리과정이다. 그러나 용서가 일방적 과정이 아니라 조건적 과정이라는 주장도 존재한다.

Griswold(2007)는 용서의 기본조건은 "적의를 낮추려는 피해자의 의지, 약간이라도 적의를 낮출 수 있는 능력, 보복을 포기하는 의지 용서에 적합한 최소한의 행동을 취하는 가해자의 의지, 인간이 용서할 수 있는 한계를 벗어나지 않은 피해다"라고 주장한다. 용서는 보복을 포기하고 적의를 감소시키는 피해자의 심리적 과정이다. 그런데 이 과정은 일방적으로 이루어지는 것이 아니고, 최소한이지만 가해자의 행동 변화가 필요하다. 그리고 피해자에게 미치는 손상의 범위가 너무 크기 때문에 피해자가 용서하려고 해도 용서할 수 없는 경우가 있다고 주장한다.

Patton은 용서를 피해자의 어떤 결정이나 행동을 통해 이루어지는 것이 아니라, 그가 돌봄과 치료를 받는 과정에서 발견되는 것이라고 본다. 그는 용서에서 피해자의 아픔을 먼저 돌보고 치료하는 것이 중요하다고 주장한다. Patton(1985)은 인간이 노력해서 해야 될 행동이나 가져야만 하는 태도로서의 용서와 이미 실현된 것으로서의 용서를 구분한다. 연습과 노력으로 실천하는 것이 행동과 태도로서의 용서다. 반면에 현재 인간관계에서 이루어진 용서를 비록 사소하거나 단편적이라도 수용하는 것이 용서의 발견이다.

Enright(2001)는 '태도와 행동으로서의 용서'를 강조하고 Worthington(2003)은

'발견으로서의 용서'를 포함한다. Enright는 용서 결정이 먼저 이루어지고 이 용서 목표를 달성하기 위해 인지적 용서, 행동적 용서 그리고 정서적 용서를 훈련하는 모형을 주장한다. 결국, 용서는 노력해서 달성하려는 목표다. Worthington은 가해자에 대한 정서적 공감이 이루어지고 스스로의 책임성과 감사를 통해 겸손을 발견하면, 용서하려는 의지가 저절로 발생하는 모형을 주장한다. 결국, 용서는 이미 피해자의 경험 속에 조각이 되어 숨어 있는데, 그것을 발견하는 과정이 용서 피라미드라고 Worthing은 암시한다.

국내에서 용서상담으로 연구한 김광수(2008)는 용서란 '개인적으로 깊고 부당한 상처를 준 상대방에게 갖는 부정적 반응을 극복하고 상대방에 대해 긍정적 반응을 하는 것'으로 본다.

즉, 용서는 개인이 타인과의 관계에서 발생하는 부정적 상황을 긍정적으로 인지하는 하나의 정서조절이라고 볼 수 있다. 분노의 상황을 긍정적으로 조절하기 위해서는 긍정적인 말과 행동으로 자각하여 표현할 수도 있다. 용서는 분노상황에 있는 내담자와 분노를 발생시키는 원인을 제공한 상대방을 긍정적 정서조절로 대처하는 긍정적이고 능동적인 행위로서 자신과 타인의 관계형성을 회복하는 것이다.

2. Enright의 용서

Enright의 과정 모형은 용서과정의 인지적 측면, 행동적 측면 그리고 정서적 측면을 통합한다. 그러나 초점은 인지적 변화에 있다. 피해자는 자신의 분노를 인정하고 현실을 수용한다. 이 세상이 불공평하고 가해자도 인간으로 불공평한 세상에 산다는 것을 깨닫는다. 정 모형에 20개의 심리적 변인들 혹은 이정표들이 있다. 각 이정표들을 반드시 거쳐야 하는 것은 아니다. 그리고 순서가 정해진 것도 아니다. 이들은 4단계로 묶여있는데, 그것은 분노발견 단계, 용서결심 단계, 용서실행 단계 그리고 발견과 감정 감옥으로부터의 해방 단계이다.

분노발견 단계에서는 피해자가 자기 속의 분노를 인정하고 스스로에 대한 집착에서 벗어나 가해자에게 초점을 맞춘다. 피해자는 분노를 회피하는 자신의 방어기제를 살펴보고, 자기 속에 존재하는 분노를 인정하고 대면한다. 필요하면 수치심도 드러낸다. 그리고 분노가 건강에 미치는 영향을 살펴보고, 상처나 가해자에 골몰하는 정도를 살펴본다. 스스로의 상황과 가해자의 상황을 차분하게 비교한다. 가해자의 현재 상황이 꼭 행복한 것만은 아니라는 것을 발견할 수 있다. 회복할 수 없는 손상이나 후유증을 살펴보고 그것의 존재를 수용한다. 애도작업이 필요할 수도 있다. 정의로운 세상에 대한 환상을 포기하면서 세상이 불공평하다는 것을 수용한다.

용서결심 단계에서는 스스로를 위해 새로운 대처방법으로 용서를 선택한다. 피해자는 상처를 다루기 위해 사용한 대처방법들의 효율성을 평가한다. 그리고 새로운 대처방법으로 용서를 고려하고 평가한다. 가해자를 용서하는 과정을 새로운 대처방법으로 선택한다.

용서실행 단계에서는 용서를 선택했기 때문에, 구체적으로 인지적 용서, 정서적 용서 그리고 행동적 용서를 실행한다. 피해자는 가해자를 그 성장배경과 가치관 등을 포함하는 넓은 맥락에서 관찰하는 인지적 재구성을 실행한다. 우주적 관점에서 자신의 상처와 사건을 바라보는 인지적 용서를 실행한다. 가해자를 향한 공감과 자비의 감정을 품어 본다. 스스로의 고통을 가해자나 타인에게 전달하지 않고 스스로 간직하려고 한다. 그리고 가해자에게 선물을 주는 행동적 용서를 실행하는데, 선물은 물품이 아닌 도덕적 감사나 사랑의 전달이다.

〈표 6-1〉 Enright의 용서의 과정

용서의 단계	각 단계의 목적
1단계: 발견	
① 심리적인 방어조사 ② 분노에 직면하기 ③ 수치심 인정하기 ④ 심리적 에너지의 고갈 인식하기 ⑤ 가해자에게 사로잡힌 상태 인식하기 ⑥ 자신과 가해자 그리고 타인과 비교하고 탐구하기 ⑦ 상처로 인한 영구적 변화의 가능성 인식하기 ⑧ 정의로운 세상에 대한 의심 여부 살펴보기	상처가 자신의 모습을 어떻게 변화시켰는지에 대한 통찰력 획득
2단계: 결정	
⑨ 지금까지의 대응이 효과적이지 않다는 통찰력 얻기 ⑩ 용서를 문제 해결의 한 방법으로 선택하기 ⑪ 용서하기로 결심하기	용서에 대한 정확한 이해와 그것에 기초한 용서 결정
3단계: 실행	
⑫ 자신과 가해자 그리고 상황에 대한 인지적 재구성 ⑬ 공감하고 동정심 표현하기 ⑭ 고통을 수용하고 견디기 ⑮ 가해자에게 도덕적 선물 주기	가해자에 대한 새로운 관점과 가해자와 자신 그리고 관계에 대한 새로운 이해 획득
4단계: 심화	
⑯ 고통과 용서 과정에서의 새로운 의미 발견하기 ⑰ 과거에 자기도 용서가 필요했다는 사실을 깨닫기 ⑱ 인간은 독립적 존재가 아니라는 사실에 대한 통찰력 얻기 ⑲ 상처를 통해 얻은 새로운 삶의 목표 인식하기 ⑳ 내적 해방감 경험하기	고통의 의미 발견, 타인과의 관계됨 경험, 부정적 감정의 감소 경험, 삶의 새로운 목적 발견

출처: 손운산, 2008; Enright, 1998.

마지막으로 발견과 감정 감옥으로부터의 해방을 경험하는 과정에서는 용서를 실행하면서, 피해자는 고통의 새로운 의미를 발견할 수 있다. 그리고 자신도 가해자였던 상황이 있던 것을 기억하고 자신도 용서를 받아야 할 필요가 있다고 알 수 있다. 그리고 고통의 보편성을 깨닫게 될 수 있다. 이 고통으로 새로운 인생목표를 발견할 수도 있다. 그리고 가해자에 대한 부정적 감정이 감소하고 긍정적 감정이 증가하면서 정서적 해방 혹은 내적 해방을 경험한다.

과정 모형에서는 선택과 인지적 용서를 강조한다. 피해자가 고통을 대처하기 위해 새로운 방법으로 용서를 선택한다. 그리고 가해자를 발달과 상황 속에서 이해하고, 현실적 세계관을 갖는 것이 핵심이다. 이것은 행동적 용서와 정서적 용서의 실행을 포함한다. 용서하려는 결심이 먼저 이루어지고, 이 목표를 달성하기 위해 인지적 용서, 행동적 용서 그리고 정서적 용서를 실행한다(반신환, 2009). 즉, Enright의 용서과정은 상담자가 내담자의 분노의 경험에서 어떤 상황과 선택에서 분노가 나타났는지 내담자 스스로 분노를 발견하도록 자각하고 인지할 수 있도록 촉진시키며, 나아가 용서를 결심하고, 용서를 실행하며 새로운 삶을 살 수 있도록 돕는다. 그리고 내담자가 미래의 삶을 긍정적으로 재구성할 수 있는 발견과 과거로부터의 분노상황에서 자유를 경험하도록 한다.

3. Worthington의 용서

피라미드 모형에서 용서의 핵심은 공감이다. 특히 정서적 공감이다. 대인관계에서 피해를 입으면 나타나는 2가지 반응을 분석했는데, 그것은 가해자로부터의 회피 동기와 보복 동기이다(McCullough, Worthington, & Rachal, 1997). 그리고 용서에 관여하는 3가지 체계는 근접성-공감 체계에서 공감, 되새김 체계에서 보복 동기, 대인관계 근접성 회복 체계에서 회피 동기 방지가 핵심이다. 이 모형에서 가해자에 대한 공감으로 용서가 촉발되고, 피해자의 겸손으로 확산되고, 용서에 대한 공개 서약으로 심화된다. 용서 피라미드는 상처회상 단계, 공감 단계, 이타적 선물 단계, 용서서약 단계, 그리고 용서유지 단계로서 5단계로 이루어진다.

상처를 직면하는 단계에서는 가해자에 대한 조건반응을 소거하는 단계이다. 피해자는 가해자에 대해 공포 조건반응을 나타낸다. 긴장하고, 회피하거나 공격한다. 공격이 실패하면 굴복한다. 결국 회피반응과 보복 반응이 조건화된 것이다. 용서를 위해 이 조건반응을 소거할 필요가 있다. 소거는 회피하거나 보복하지 않고 가해자에게 노출될 때 이루어진다. 피해사건을 회상하거나 가해자에게 스스로를 노출한다.

가해자를 공감하는 단계에서는 가해자가 생각하는 것을 생각하고, 느끼는 것을 느끼는 공감상태를 피해자가 창조할 수 있다. 그래서 가해자가 피해를 준 이유를 공감할 수 있다. 공감은 3가지로 분류하는데, 인지적 공감으로서 공감적 정확성, 정서적 공감으로서 공감적 동일시 그리고 인지적 공감과 정서적 공감과 타인 보살핌의 통합으로서 공감적 자비다. 바로 공감적 자비가 이 단계에서의 목표다. 공감을 위한 활동으로 가해자의 입장에서 사과하는 편지를 쓰거나 친구와 대화를 할 수 있다.

용서의 이타적 선물단계에서 용서는 가해자에게 주는 이타적 선물이라고 주장한다. 공감적 자비가 용서의 충분조건이 되지 못한다. 용서에 피해자의 겸손이 필요한데, 피라미드 모형에서 겸손은 피해자가 기본적으로 스스로를 타인과 동일하게 수용하는 능력이다. 겸손은 3가지 경험으로 구성된다고 주장한다. 피해자가 자신도 가해행동을 촉발하는 데 일조했다는 깨달음, 과거에 용서를 받았기 때문에 감사하는 상황을 회상하면서 감사의 기쁨을 느낀다. 그리고 가해자도 용서로부터 경험할 감사와 긍정적 정서를 공감, 조건 없이 가해자를 용서하는 결심을 한다.

다음 단계로 공개 서약을 한다. 공포반응은 소거가 되더라도 자동으로 재생되는 경향이 있다. 이 재생을 어렵게 하기 위해 공개 용서를 진행한다. 이것은 용서 경험의 개방, 용서증명서 기록하기, 용서편지 쓰기, 상담집단에서 용서편지 낭독하기 그리고 용서편지의 발송 고려하기로 구성된다. 용서편지를 반드시 가해자에게 발송할 필요는 없지만, 실제 관계 회복을 고려하기 때문에 가해자와의 신뢰를 회복하는 첫걸음이 될 수도 있다.

마지막 단계는 용서를 계속 이어 가는 것이다. 정서적 용서 상태를 유지하기 위한 6개 기술을 제시한다. 그것은 상처와 관련된 감정을 구분하고 이해하기, 감정과 집중력의 관계를 이해하기, 공포나 불안과 같은 감정의 관리기법을 익히기, 용서증명서와 용서편지로 생각을 집중하기, 용서 피라미드로 생각을 집중하기, 그리고 용서 피라미드로 다른 용서를 경험하기로 이루어져 있다.

피라미드 모형에서는 정서적 용서를 강조한다. 가해자를 자비를 갖고 공감해서 생각과 감정을 같이 느낄 수 있다. 그리고 가해자가 자신보다 열등하지 않고 오히려 동등한 존재라고 수용하는 겸손이 필요하다. 겸손은 책임감과 감사를 발견하는 경험으로 이루어진다. 이 결과로 용서의지가 발생하고 용서를 실행할 수 있다(반신환, 2009).

즉, Worthington의 피라미드 용서는 내담자가 자신의 상처를 직면하도록 인지해야 하며, 내담자 자신의 상처를 표현하는 것도 중요하지만, 상처를 준 가해자의 입장도 공감하도록 용서의 의지가 있어야 한다. 아울러 용서를 지속함으로써 용서를 선언하고, 상대방에게 용서의 선물을 주고, 공감하며 겸손으로의 성숙한 자아를 지닌 인간이 되는 것이다.

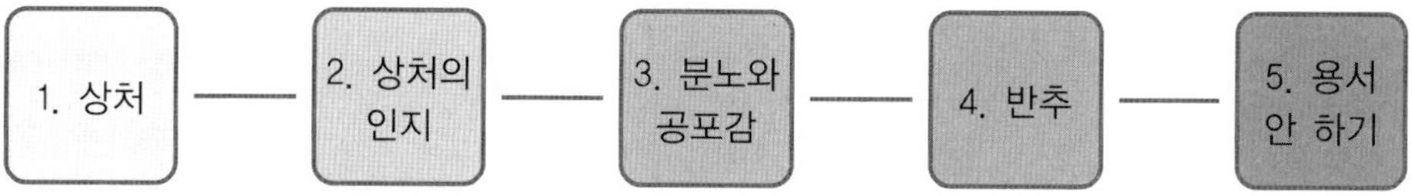

[그림 6-1] Worthington의 용서 과정 모형

출처: 신종수 2008; 윤종석, 2006; worthington, 2003.

4. Flanigan의 용서

Flanigan은 용서를 경험한 수많은 사람들, 특히 가족처럼 친밀한 관계에서 발생한 상처로 고통당한 사람들과의 면담을 통해, 용서에 이르는 과정을 연구했다. Flanigan은 가족처럼 친밀한 관계에서 일어난 상처들은 상처 입은 사람의 신념체계에 심한 손상을 준다고 본다. 학대나 배우자의 부정(不正)처럼, 서로 신뢰하고 친밀했던 관계에서 생긴 상처는 피해자 자신과 세상 그리고 삶에 대해 가지고 있던 기본 전제들을 흔들어 놓는다. 이로 인해 피해자의 내적 통합성이 무너지고, 자신을 조절하기 힘든 상태가 된다. Flanigan은 다음과 같은 단계를 따라 용서하기 힘든 상처로 발전한다고 본다.

상처에 이름 붙여 주기는 상처로 인해 자신의 삶 속에서 달라진 것들이 무엇인지를 살피는 단계로서 인정, 탐구, 말하기의 세 가지 과제들을 가지고 있다. 과제들은 상처를 입은 사실과 삶의 변화가 일어났다는 것을 인정하는 것으로 자신의 취약성, 조절능력, 정의문제를 재구조화할 필요가 있다는 것을 받아들이는 것이다. 그리고 취약성, 조절능력, 정의의 관념이 입은 상처의 정도를 탐구하는 것과 가해자와 타인에게 상처가 준 영향에 대하여 논리적으로 말하는 것으로 이해를 증대시켜 준다. 말하기의 장점은 상처의 원인, 기간, 결과, 조절여부 등에 관한 자신의 생각들을 정리하면서 자신의 감정을 표현할 수 있게 해주는 것이다.

내 상처로 주장하기는 과거에 입은 상처로 인해 현실에 변화가 있다는 것을 인정하는 단계다. 가해자 비난하기는 용서할 수 없는 상처에 대하여 아무도 비난받지 않으면, 아무도 용서하지 못 한다고 말한다. 누가 상처를 입혔는지에 대해 알지 못하게 되면 자기 비난, 혼돈 그리고 격노에 빠지게 된다. 상처에 대해 책임을 져야 할 사람, 즉 가해자가 분명해져야 피해자의 자기 비난에서 가해자 비난으로 바뀐다. 피해자가 자기를 비난하면 에너지는 잘못된 곳에서 낭비되고, 용서할 수 없는 상처로 인한 고통에서 벗어날 수 없기 때문에 용서의 여정이 지연된다.

힘의 균형 맞추기에서 피해자는 상처로 많은 것을 잃는다. 힘의 균형 맞추기는 상처를 이겨 내고 용서를 실천하기 위해 상실된 힘을 다시 북돋우고 필요한 자원을 모으는 것이다. Flanigan이 제시하는 방법에는 지원 그룹에 가입, 새로운 관계 만들기, 새로운 공부를 시작, 새로운 취미 생활하기 등이 있다. 피해자가 손상된 힘의 회복, 필요한 자원발견, 가해자에게 위축되지 않을 상태가 되면 용서를 위한 준비가 된 것이다.

용서를 선택한 삶으로의 전환은 현재까지는 용서할 수 없는 상처에 얽매인 삶이었으나 용서를 선택함으로써 자유와 해방을 얻는 삶을 사는 것이다. 이것은 상처 입기 전과 후의 삶과는 다른 새로운 삶이다. Flanigan은 용서를 세 가지 의미로 본다. 피해자가 더 이상 가해자에게 책임을 묻지 않고 자신의 삶을 자신이 책임지기로 선택하는 것, 가해자에게 자유를 줌으로써 피해자도 자유롭게 되는 것, 그리고 과거를 회상한다고 해도 거기에 매이지 않고 미래의 새로운 삶을 향해 나아가는 것을 의미한다. 새로운 자아의 탄생으로써 피해자는 용서의 여정 동안 상처 때문에 혼동되었던 신념체계들이 새롭게 형성되는 경험을 한다. 상처를 경험하지 않으면 새로운 가치관에 대한 도전을 받지 못하고, 용서할 수 없는 상처는 피해자에게 새로운 기회가 된다. 상처를 입는 것은 이런 이상한 방법으로 선물을 받는 것이 된다. 이제 용서의 여정에서 새로운 체계가 형성·실험되었고, 그것은 자신과 타인 또한 세상에 대한 관점이 달라짐과 동시에 상해에 대한 견해도 달라진 것이다. 용서의 정도는 사람에 따라 그리고 특히 기본 신념체계의 손상의 정도에 따라 다르다.

Flanigan은 용서가 이루어졌는지를 알 수 있는 네 가지를 제시한다. 네 가지 중에 한 가지의 현상이라도 나타나면 용서가 이루어진 것으로 본다. 더 이상 가해자에 대한 복수심이나 증오심을 품지 않을 때, 가해자에 대해 중립적으로 느낄 때, 가해자에 대해 어느 정도의 신뢰감이 회복되었을 때, 가해자들과 화해하였을 때이다(신종수, 2008). 즉, Flanigan은 용서를, 내담자가 분노경험에서 상처를 입은 상황에 이름을 주고, 그 상처를 주장하고, 비난하고, 힘의 균형을 맞추고, 나아가 용서를 선택하여 새로운 삶의 자아를 탄생시켜 나아가는 것이라고 말한다.

1지점	상처에 이름 주기
2지점	내 상처로 주장하기
3지점	가해자 비난하기
4지점	힘의 균형 맞추기
5지점	용서 선택하기
6지점	새로운 자아의 탄생

[그림 6-2] Flanigan 용서과정 모형

출처: 신종수, 2008; Flanigan, 1987

5. Cho와 Park의 용서

Cho와 Park(1998)이 제시하는 단계는 집단주의를 배경으로 갖고 있다. 즉, 상하관계를 특징으로 갖고 있기 때문에 타협이 아니라 상대방의 굴복을 지향한다. 그리고 내 집단에서 갈등을 부인하고 회피하는 경향이 높다. 즉, 상급자와 다른 의견을 제시하거나 분노와 같은 감정을 표현하는 권리가 하급자에게 인정되지 않는다. 그러므로 작은 갈등은 무시되고 억압된다. 그러나 불만이 제기되고 갈등이 폭발하면 갈등해결과정이 나타난다. 그것은 관계형성, 회유, 강압, 그리고 긴장 해소다.

관계를 형성하기에서는 불만의 내용과 원인을 알기 위해 피해자와 주변 인물들을 직접 만나서 정보를 수집하고 교환한다. 그리고 더 중요한 것은 인간적 유대감을 형성한다. 회유에서는 서로 감정이 상하지 않는 범위에서 해결을 추구한다. 지지하고 대화로써 현재 수직관계나 권한을 훼손하지 않는 한도에서 해결을 추구한다. 주변인물의 중재를 사용한다. 갈등에 대한 관용이 적기 때문에 빨리 해결하려고 한다. 이 단계에서 종료될 수도 있다.

강압에서는 갈등이 증폭되고 악화된다. 감정이 상하고 배신감을 느끼면서, 우리 편이라고 생각하지 않는다. 외집단원으로 간주하기 때문에 상대방을 증오한다. 그리고 상대방을 굴복시키기 위해 무자비한 방법을 사용할 수 있다. 공권력에 호소하는 경우도 적지 않다.

마지막 단계는 긴장해소다. 상대방은 상하관계로 돌아가기에 합의한다. 불만이 해소되었을 수도 있고 그렇지 않을 수도 있다. 손상관계를 회복하기 위해 뒤풀이한다.

위의 갈등 해결 과정을 피해자 혹은 하급자가 주도권을 갖는 과정으로 재구성할 수 있다. 이와 같은 용서상담도 조화유지와 대결이라는 특징을 갖는다. 가해자와의 관계를 지향하기 때문에 대결의 특징을 함께 갖고 있다. 각 단계별로 피해자의 행동을 살펴본다.

집단주의에서 침묵은 만족이나 묵인으로 간주하기 때문에 피해사실을 가해자와 주변 인물들에게 설명한다. 객관적 피해와 정서적 피해를 함께 설명한다. 집단주의에서는 관계손상을 반영하는 정서적 피해에 더 민감하게 반응하기 때문이다. 그리고 조치가 취해질 때까지 계속 주장한다. 갈등이 너무 증폭되지 않도록 조화유지도 추구한다.

피해의 재발을 방지하기 위해 수평관계를 용서상담의 목표로 설정한다. 그리고 그 입장을 고수한다. 상급자 혹은 가해자가 인간적 유대를 근거로 회유하면, 피해자는 상급자에게 굴복할 가능성이 높다. 그러나 상하관계로 되돌아가면 피해가 반복된다. 그러므로 수평관계라는 목표를 분명하게 제시하고 그것을 위해 계속 대결한다.

직접 혹은 주변 인물을 통한 위협과 압력에도 수평관계의 형성이라는 목표를 고수한다. 무자비한 방법도 사용하기 때문에 인간적 배신감을 느낄 수 있다. 그래도 자신을 보살피면서 목표를 분명히 주장하고 자신의 입장을 설명한다. 가해자의 무자비한 강압에 대해 보복할 권리를 포기한다. 그러나 굴복하거나 수직관계로 되돌아가는 것은 계속 거부한다.

가해자가 화해하기를 요청하고 수평관계 시작하기를 수용하면 평등관계를 시작한다. 그러나 익숙하지 않기 때문에 시행착오가 존재하고 갈등이 나타날 수 있다. 그러나 하급자는 수평적 행동을 고수한다. 우선, 자신을 주장할 수 있는 권리와 상대방의 요구를 거절할 권리를 확보하는 것으로 시작한다.

수평관계를 유지하기 위해 스스로와 가해자에게 보상한다. 가해자에게 부정적 감정을 표현할 때 칭찬한다. 거부를 수용하는 상급자를 칭찬한다. 주기적으로 스스로를 칭찬한다. 그리고 현재의 성공과 실패에 스스로를 노출하고 그것을 즐긴다. 집단주의 가해자와 조화를 유지하면서 수평관계로 변형하는 것이 수평관계라는 목표를 고수하면서 강압에 대한 보복을 포기한다. 그리고 스스로 평등적 행동을 고수한다. 그리고 스스로 강화한다(반신환, 2009). 즉, Cho와 Park(1998)의 용서는 내담자가 분노경험을 발생하게 한 상대방에게 동등한 입장에서 당시의 분노를 통하여 받은 피해를 주장하도록 격려하며, 내담자와 상대방은 똑같은 입장이라는 것을 인식하여 분노경험과 상황에 대하여 당당하게 표현할 수 있도록 목표를 설정하고 고수한다. 나아가 상대방과 수평관계를 시작하여 관계를 지속적으로 유지할 수 있도록 한다.

6. Hargrave의 용서

Hargrave는 상황 가족치료의 관점에서 인간관계로 인한 상처와 고통의 문제를 다루었다. Hargrave의 과정에서는 가족 간의 짓밟힌 사랑과 신뢰에서 느끼는 배신감이 피해자에 대한 감정과 앞으로의 관계에 파괴적인 영향을 미치게 됨을 지적한다. 사랑과 배신을 당한 피해자는 가해자에 대한 분노 때문에 폭발하거나 가해자와의 신뢰감 때문에 깊은 수치감을 느끼게 된다. 관계에 대한 행동에서도 피해자는 상처를 받지 않기 위해서 자신을 과잉 억제하거나 절망감 때문에 자포자기 상태로 생활하게 된다. 결과적으로 가족 안에서 지속적으로 피해를 당하게 되면 분노폭발과 수치, 과잉 억제와 방치를 반복하는 악순환에 빠지게 된다.

Hargrave의 용서과정은 사면과정과는 다르다. 용서는 사면과정과 용서과정으로 나누어지는데, 사면과정은 통찰력과 이해의 단계로, 용서과정은 가해에 대한 책임을 질 수 있는 기회를 주는 단계와 공격적으로 용서를 주고받는 절차로 이루어져 있다.

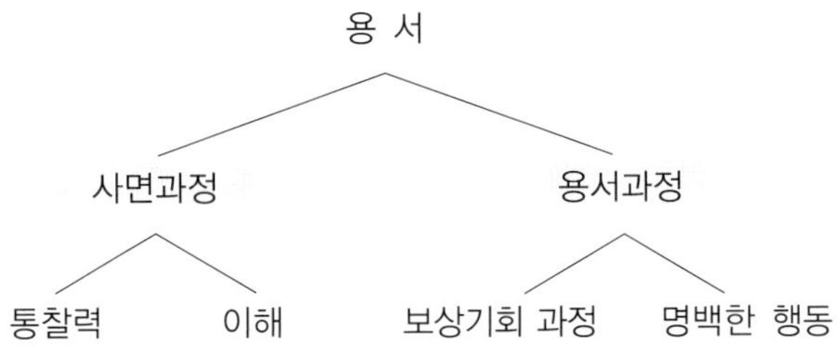

[그림 6-3] Hargrave의 용서과정 모형

출처: 신종수, 2008; Hargrave, 1994.

Hargrave의 용서과정 모형은 사면과정과 용서과정의 시작과 끝이 각 단계마다 다르다. 이 과정과 단계들은 서로 중복되기도 하고 끊어졌다가 다시 이어지기도 하기 때문에 경계선을 분명하게 그을 수 없다. Hargrave는 인간관계 회복검사를 개발했는데, 네 가지 단계에 따라 용서가 진전되었는지, 수치와 분노폭발, 자기억제, 방치 등으로 어떤 고통을 당했는지를 기록하게 된다. 응답자로 하여금 스스로 보고하는 방법을 사용하여 두 개의 주 검사와 여덟 개의 종속 검사인 네 가지 용서단계(통찰력, 이해, 보상의 기회제공, 용서의 명백한 행동)들이 얼마나 진전되었는지, 얼마나 고통(수치, 분노폭발, 자기억제, 방치)을 받고 있는지를 평가할 수 있게 했다(신종수, 2008). 즉, Hargrave의 용서는 내담자가 분노상황을 통찰력과 이해의 단계를 통해서 용서하는 사면과정과 내담자에게도 가해에 대한 책임을 질 수 있는 기회를 주는 보상기회를 제공하고, 명백한 행동을 통해서 용서를 주고받는 절차로 이루어져 있다.

Chapter 07

분노와 정서조절의 상담적 개입

용서는 승리 중에서 가장 신성한 것이다.

- 폰 쉴러 -

분노상황에서 내담자의 상황은 대부분 긍정적인 정서조절보다는 부정적인 정서조절이 더 많다. 긍정적이든 부정적이든 선택하는 사람은 내담자 자신뿐이다. 하지만 분노상황에서 문제를 가지고 상담을 의뢰하였을 경우, 상담자는 내담자가 긍정적인 상황을 선택할 수 있는 상담으로 개입하는 것이 필요하다. 만약에 부정적으로 분노상황을 선택하여 조절하였을 경우에는 내담자 자신뿐만 아니라, 타인에게도 부정적인 영향을 주는 것이 더 많기 때문이다. 따라서 본 Chapter에서는 용서이론과 Gross의 이론의 공통점이 무엇인지 살펴보며, 분노의 정서를 가지고 있는 내담자에게 상담개입의 필요성과 정서조절 상담과제를 살펴보고자 한다.

1. 용서이론과 Gross의 정서조절

용서이론을 주장한 Enright, Worthington, Flannigan, Hargrave, Cho와 Park 등이 주장하는 용서이론들은 자신과 타인의 관계에서 발생하는 부정적인 분노상황에서 용서를 하면 자신에게 인지적·정서적 그리고 행동적 측면에서 긍정적인 영향을 준다고 본다. 즉, 용서는 인지변화를 통한 재구성이며 평가이다. 다시 말해서 분노상황에서 내담자가 용서를 하기 위해서는 인지적·정서적 그리고 행동적으로 긍정적이고 능동적인 정서조절을 재구성하는 용기가 필요하다. 긍정적이고 능동적인 인지에 초점을 둔 평가는 용서이며 정서조절이다.

용서하는 것은 부정적인 상황에서 긍정적인 용서 상황을 선택하고 용서하지 못하는 상황을 수정하는 것이다. 변화를 수정해도 바뀌지 않았을 때는 용서를 할 수 있도록 주의를 배치한다. 인지변화를 통해서 긍정적인 반응조절이 나타난다. 즉, 분노상황에 있는 개인이 용서를 선택하는 정서조절을 하는 것이다.

용서이론에서는 내담자의 인지적·행동적·정서적 측면을 통합하여 내담자의 인지적 변화에 초점을 둔다. 결국 내담자는 자신의 분노를 인정하고 현실을 수용하며, 나아가 이 세상이 불공평하고 타인도 인간으로 불공평한 세상에 산다는 것을 깨닫는다.

Gross는 개인이 어떤 상황에서 주로 사용하는 정서조절은 인지적 재해석의 방략과 억제 방략을 사용한다고 하였다. 또한 정서조절에서 정서(emotion)는 사람, 상황, 관계 속에서 개인이 생각되는 평가에 따라 여러 반응에 영향을 받으며 일어난다고 주장한다. 정서반응은 개인의 정서경험과 행동 그리고 생리학적 변화에도 영향을 준다. 용서는 인지적 재해석의 긍정적인 정서조절이다. 분노정서 상황에서 인지적으로 재해석과 재구성을 통하여 개인의 정서적 영향을 변화시키는 것이다. 이렇게 정서조절을 인지에 초점을 두는 것은 내담자의 정신건강에도 긍정적인 영향을 미친다. 용서이론 또한 인지적 측면을 강조한다. 그러므로 상담자는 내담자가 분노의 정서를 조절하지 못한 상황에서 스스로 노력함으로써 자신과 타인관계를 회복할 수 있도록 상담의 목표를 두어야 한다. 따라서 분노의 정서를 조절할 수 있는 용서상담을 적용하여 내담자 자신의 정신건강뿐만 아니라 타인과의 관계 또한 회복할 수 있다.

분노상황에서 상담을 의뢰한 내담자가 긍정적 상황을 선택함으로써 일상생활의 부부간의 오해와 문제를 해결한 사례를 살펴보자.

상담자1- 어떤 문제로 아내 분께서 화가 많이 나시지요?

내담자1- 저희 부부는 잉꼬 부부처럼 잘 살고 행복한 부부라고 소문이 났어요. 저도 제 남편이 당연히 이 세상에서 최고의 남편이고, 우리 부부간에 비밀 하나 없는 것이라 생각했어요. 그런데 세상에 나를 이렇게 속일 수가 있어요.

상담자2- 행복한 부부로 사셨군요. 그런데 무엇이 아내 분을 속였다는 거지요?

내담자2- 흐흐(눈물을 흘리며, 한숨을 쉰다). 정말 어떻게……그런데 남편이 답답하다고 오히려 소리를 지르고 밥상을 엎어 버리잖아요.

상담자3- 많이 속상하셨군요.

내담자3- 세상에! 저희 남편 양반이 나한테 한마디도 말하지 않고 2년 동안 한 달에 15만 원씩이나 적금을 들었지 뭐예요.

상담자4- 아내 분에게 한마디도 말하지 않고, 적금을 들으셨다는 거네요.

내담자4- 어떻게 그럴 수가 있어요. 그렇게 믿었던 양반이……. 정말 이 일은 화가 나서 남편을 용서할 수 없어요. 너무 속상하니까 이젠 남편이 보기도 싫어요.

상담자5- 보기도 싫은 그 남편이지만, 그동안 행복하게 잘 살아오셨는데, 잠시 남편과 여가시간을 만드셔서 영화나 여행을 함께하시면 어떨까요?

내담자5- 영화나 여행이요? 이런 상황에서 영화나 여행을 즐길 수 있을까요?

상담자6- 그럼요. 이런 상황에서는 그 무엇을 선택할 수 있겠어요? 하지만 이렇게 화가 나고 속상하실수록 마음을 추스리시고 잠시 부부의 여가를 통해서 남편과 대화를 하실 수 있습니다.

내담자6- 예. 지금 마음은 소주 한잔 마시고 대판 싸우고 싶지만, 선생님 말씀대로 남편과 시간을 만들어서 여행 한번 다녀오지요.

상담자7- 좋은 선택을 하셨습니다. 다음 주에 뵙겠습니다.

내담자7- 선생님 지난주 같았으면, 정말 나를 배신했다는 생각에 남편이 죽이고 싶을 정도로 미웠는데, 여행을 다녀와서 다시 모든 오해를 풀었습니다.

상담자8- 그러셨군요. 어떻게 오해를 풀게 되셨나요?

내담자8- 남편이 저 몰래 적금을 들은 이유를 알고 보니, 우리 가정에 어려운 위기상황이 발생했을 때 돈이 없으면 어떻게 해야 할까? 고민했답니다. 그래서 나에게 말할까 고민하다가 오히려 이런 말을 하면 아내도 신경이 쓰일까 봐, 나와 가족들을 위한다고 새벽시간에 운동을 한다고 거짓말을 하고, 그 시간에 우유를 돌려서 적금을 넣었다고 하더군요. 남편의 깊은 뜻을 모르고 괜히 저만 화를 냈지요. 앞으로는 이런 문제도 비밀 없이 서로 대화를 통해서 해결하기로 했어요. 이제 남편을 용서하고 예전처럼 잘 살기로 약속했어요.

상담자9- 화가 난 당시에 아내 분을 볼 때, 얼마나 속상하면 남편을 저렇게 미워할까 했는데, 그런 상황에서 여행을 선택하시길 참 잘하신 것 같네요.

내담자9- 남편과의 문제 때문에 그동안 밥도 잘 못 먹고, 소화도 안 되고 신경질적이었어요. 밥은 안 먹고 소주만 마실 때도 있었지요. 머리도 아프고 두통이 생겨서 해열제와 소화제만 먹었어요. 이젠 소화도 잘 되고 밥도 잘 먹어요. 앞으로는 혼자 씩씩대지 않고, 종종 여행을 통해서 남편에게 하고 싶은 말도 많이 하고, 남편 이야기도 많이 들어야겠어요. 정말 남편과 소통이 얼마나 중요한지 느꼈네요.

상황선택은 일어날 것 같지 않은 상황이 가지고 있을 법한 특성 및 그 특성들에 대해 예상되는 정서반응을 이해하는 것이다.

분노경험에서는 내담자들이 어떤 상황을 선택하기가 어렵다. 하지만 상담자의 합리적인 긍정적 사고와 안내를 통하여 내담자가 분노의 정서경험에서 긍정적인 상황으로 선택할 수 있도록 촉진하는 안내가 필요하다. 위 사례에서 남편이 아내를 속였다는 배신과 불신 그리고 남편은 아내와 가족들을 위해서 오히려 더 열심히 돈을 벌고 적금까지 넣었는데, 남편의 기분은 어떠했을까? 이런 상황에서 아내와 남편의 분노는 어떤 상황이겠는가? 그리고 내면에서 올라오는 분노를 어떻게 조절을 해야 하겠는가? 그러한 상황에 놓인 아내가 여행을 선택하고, 그 과정에서 부부간에 더 많이 대화함으로써 서로 용서하고 예전처럼 살 수 있는 부부애를 갖는 계기가 되었다. 따라서 내담자가 부정적인 정서상황에서 긍정적인 정서로 바꿀 수 있도록 내담자 스스로 선택할 수 있는 능동적인 행동이 바로 용서이며, 나아가 정서조절이다.

상황수정은 내담자가 직접적인 노력이다. 만약 위의 사례에서 남편과의 관계를 분노상황에서 그대로 신뢰하지 못하고 불신하였다면, 부부관계는 회복되지 못하였을 것이다. 하지만 아내는 상담자의 안내를 통하여 분노상황에서 여가를 만들고, 남편과의 여행을 선택함으로써 그 상황을 수정하는 노력이 있었다. 즉, 상황수정은 내담자 스스로의 노력과 연습이 필요하다. 따라서 용서 또한 수동적인 것이 아닌 능동적인 노력과 연습을 통하여 이루어질 수 있다. 그러므로 상황수정은 용서이며, 정서조절의 노력과 연습이다.

주의배치는 내담자가 주어진 상황의 분노정서 상황에서 주의를 전환시키거나 그 상황을 바꾸는 것이다.

위 사례에서 아내가 남편과의 문제를 혼자 고민하고, 슬퍼했다면 어떤 결과가 나타났을까? 만약 부정적인 사고와 행동으로 그 상황을 조절했다면 어떤 상황이 되었을까? 하지만 아내는 부정적인 분노상황에서도 그 주의를 배치하는 능동적 행동이 있었다. 그 행동은 부부간의 문제를 상담을 의뢰하였고, 나아가 그 가운데 가정 안에서도 문제를 해결할 수 있었음에도 불구하고, 상담자의 말을 받아들이고 여행이란 또 다른 환경으로 눈을 돌려 주의를 배치시켰다. 이렇게 주의배치는 내담자의 분노상황을 다른 곳으로 전환시킬 수 있다. 용서 또한 분노에서 용서로 주의를 배치시킬 수 있다. 따라서 주의배치는 용서로 전환시킬 수 있는 정서조절이다.

인지변화는 내담자가 분노상황에서 그 상황과 환경을 통제하는 능력에 대해 생각하는지를 변화시키며 나아가 평가와 재해석을 한다.

위 사례에서 내담자는 상담자와의 상담과정에서 남편에 대한 억울함과 분노감정을 표현하였음에도 불구하고, 그동안 남편과 행복하게 살아왔다는 것을 인지하며, 저 이면에 부부관계를 회복시키려는 자신의 분노감정을 통제할 수 있는 평가와 재해석이 있었다. 부정적인 상황에서 부부간의 문제를 그대로 방치하거나 회피할 수도 있다. 하지만 내담자가 내면의 부정적인 분노정서를 평가와 재해석을 통해서 생리적·경험적·행동적인 건강도 회복하였다. 즉, 인지변화는 새로운 삶의 발견이다. 나아가 용서를 통하여 새로운 삶을 발견하는 동기가 된다. 결국, 인지변화는 용서이며 정서조절이다.

반응조절은 내담자가 상담의 문제해결 과정에서 나타나는 정서의 표현들이다. 위의 사례에서 내담자인 아내는 내향형의 성향을 선호한다. 하지만 남편은 외향형의 성향을 선호한다. 이렇게 성격적으로 서로 다름에서 나타나는 분노상황의 반응조절은 각각 다르게 표현될 수 있다. 아내는 남편을 너무 믿었던 상황에서 그런 일이 나타났기 때문에 눈물 흘리고 한숨만 지었다. 이렇게 분노상황에서 나타나는 내담자들의 표현들은 모두 다르다. 그렇기 때문에 상담자는 내담자의 분노를 표현할 수 있는 조절이 필요하다. 이러한 조절이 안 될 경우에는 술이나 담배 또는 약물 등을 통하여 조절할 수 있지만 이러한 약물들은 오히려 내담자의 건강을 해치고, 정신건강에도 부정적인 영향을 줄 수 있다. 따라서 분노의 정서를 용서를 통하여 조절함으로써 자신뿐만 아니라 상대방에게 긍정적인 영향과 관계형성을 회복함으로써, 정신건강에 도움이 되어야 한다. 그러므로 반응조절을 위해서는 용서를 통하여 건강한 정서조절을 할 수 있다.

그러므로 분노를 통해서 정서조절을 하지 못하는 내담자들에게서 나타나는 독특성의 부적응과 관련된 요인들을 긍정적으로 정서조절하도록 변화시키기 위해서는 내담자의 부정적인 정서의 악순환을 긍정적 정서로 변화시킬 수 있는 심리내적인 측면과 상호작용 관점에서의 재해석이 필요하다. 그리고 분노의 상황에서 정서조절을 긍정적이고 능동적으로 향상시킬 수 있는 용서이론 상담으로 적용가능하다.

상담자가 부정적인 생각을 긍정적으로 전환하기 위해서는 인지변화를 통하여 각 개인 안에 있는 인지적·정서적 그리고 행동적 강점들과 비전을 발견해야 한다. 분노감소를 위해 부정적인 정서표현이 긍정적이고 능동적이어야 한다. 또한 자신과 타인에 대한 이해와 관계가 회복되도록 실질적인 상담과 교육이 필요하다. 사람과 사람 사이의 결속으로 자신과 타인의 회복을 위한 상담을 제시하므로 자신과 부모 그리고 이웃과의 관계형성에서 용서를 통한 Gross의 정서조절과정이 정서적·행동적·생리적 체계로 구성된 반응경향세트를 촉발시킨다. 따라서 분노를 조절할 수 있는 긍정적인 정서조절 변화가 나타난다.

용서이론을 주장한 Enright, Worthington, Flannigan, Hargrave, Cho와 Park의 용서이론들의 핵심은 용서에서 인지적·정서적·행동적 측면의 강조이다. 즉, 인지변화를 통한 재구성이다. 다시 말해서, 내담자가 분노상황에서 용서를 하기 위해서는 인지적·정서적 그리고 행동적으로 긍정적이고 능동적인 정서조절을 재구성하는 용기가 필요하다. 용서는 긍정적이고 능동적인 인지에 초점을 둔 평가이다.

Gross의 정서조절 이론은 사람들이 어떠한 상황에서 발생할 수 있는 정서조절에 대하여 상황적인 평가와 재해석의 인지변화에 초점을 두었다는 점에서 차이가 있다. 결과적으로 Gross의 정서조절은 인지변화에 초점을 두고 상황에 따라 평가를 하고 재해석을 함으로써 반응조절이 일어난다. Gross는 정서가 사람, 상황, 관계 속에서 개인이 생각되는 평가에 의해 여러 반응에 영향을 받으며 일어난다고 주장한다. 정서반응은 개인의 정서경험과 행동 그리고 생리학적 변화에도 영향을 준다. 정서조절은 개인이 어떤 정서를, 언제, 어떻게 경험하고 표현할 것인가에 영향을 미치는 과정이다.

분노는 사람들이 일상생활에서 종종 표현하는 정서표현이다. 또한 이러한 분노정서 표현은 개개인마다 독특성이 있는 정서 중의 하나이다. 하지만 이러한 분노정서 표현에 대한 잘못된 조절은 내담자의 신체 및 정신건강에도 악영향을 미치며 타인과의 관계형성에도 해를 끼치게 된다.

인지이론에서는 정서를 인지적 측면에서 접근하며, 핵심적인 개념은 평가이다. 평가는 자신의 관심이나 목표, 안녕과 관련된 상황이나 대상에 대한 판단으로, 이는 상황의 특성이나 대상에 대한 기대, 과거의 기억 등에 근거해서 이루어진다. 이러한 평가에 의해 대상이나 상황이 자신에게 어떤 영향을 줄 수 있을지를 판단하게 된다. 즉, 평가이론에서는 상황 자체가 아니라 상황에 대한 개인의 평가에 따라 정서적 경험이 결정된다.

Gross의 정서조절의 핵심은 인지에 초점을 두고 정서경험을 평가를 통해 재해석함으로써 정서를 경험하고, 그것을 변화시키기를 원하는 것으로 언제 일어나는지에 따라 상황을 전환시키는 것이다. 즉, Gross의 주장은 개인이 어떤 상황에 대하여 인지에 초점을 둔 평가와 재해석을 능동적으로 생각을 변화시키는 것이다. 즉, 용서치료 상담은 내담자가 긍정적이고 능동적인 자원을 가지고 있다고 본다. 따라서 내담자의 문제를 문제로만 보는 것이 아니라 개인의 독특성을 보는, 긍정적으로 접근하여 현재와 미래에 초점을 두는 상담들이기 때문에, 내담자가 분노의 정서경험을 가지고 분노를 억압하고 표현하지 못하며, 오히려 분노의 정서를 부정적으로 조절하는 것을 예방하는 긍정적인 상담접근이라 볼 수 있다. 또한 내담자의 긍정적이고 능동적인 상호관계성은 분노정서를 가지고 있는 내담자들로 하여금 부정적인 정서조절을 감소시킬 수 있다.

그러므로 Gross의 정서조절과 용서상담은 Gross에 정서조절과 연계할 수 있는 상담이론이라고 볼 수 있다. 내담자들이 부정적으로 정서조절하는 것을 감소시키고 긍정적이고 능동적으로 변화할 수 있는 인지에 초점을 두는 데에 연계성이 있다.

아울러 분노정서를 가지고 있는 내담자들의 부정적으로 정서조절하기를 감소시키기 위해서는 상담접근에서 인지에 초점을 두어 내담자가 자신을 신뢰하고 자아와 객체인 타자 간의 상호관계성을 형성하여 고립된 자기완성이나 자기실현을 해야 된다. 따라서 내담자들이 분노정서 경험을 문제 초점적 차원에서 상황을 재인식하여 자신의 문제를 파악하고 현실적 상황에서 자아를 발견하며, 타자와의 상호관계를 유지하기 위해서 변화를 추구하도록 상담이 이루어져야 한다.

상담에서는 분노를 부정적으로 조절하는 내담자일 경우, 상담자가 먼저 그들이 분노정서를 조절할 수 있도록, 자신의 목소리를 낼 수 있도록 수용과 인정을 해야 한다. 또한 그들이 인지에 초점을 두고 평가와 재해석을 함으로써 긍정적이고 능동적으로 변화해서 자신 안에 있는 강점과 비전을 발견하도록 촉진시켜야 한다.

아울러서 그들이 자신의 존재를 알고, 나아가서 자신과 타인 그리고 자연과의 관계형성을 끊지 않고 지속적으로 교류하며, 자아성찰을 하도록 상담자는 인간적인 자질과 전문적인 자질 그리고 건강한 영성을 갖추어야 한다. 그러므로 상담자는 내담자의 분노의정서를 내담자의 자신의 문제로 접근하는 것이 아니라, 내담자 개인의 독특성의 부적응과 관련된 요인들을 긍정적으로 정서조절을 하도록 변화시켜야 한다. 분노정서를 가지고 있는 내담자들은 나와 너, 혹은 나와 가족구성원과의 관계형성이 무너지고 부정적인 생각으로 인해 자기완성이 연계되지 못하기 때문에 내재화된 문제점이 자기표현을 억제하거나 정서적 도피 행위를 함으로써 현실적이지 못하였다. 이로 인해 Gross의 정서조절 과정의 마지막 단계인 반응조절에서 표현과 억제가 뒤바뀌는 경향이 나타나는 것으로 볼 수 있다.

그러므로 상담자는 분노의 정서를 가지고 있는 내담자에게 공감하고 이해하며 상담을 이끌어 갈 때에 내담자는 자신과 타인을 이해하고 사랑할 것이다. 또한 내담자가 부정적인 분노정서 상황에서도 자신의 강점과 비전을 발견하고 진정한 존재적 가치관을 확립시키고 자아성찰을 이룰 수 있을 것이다.

결과적으로 내담자들의 분노의 정서조절에 영향을 주는 것으로 부모의 정서표현과 환경적인 요소들의 영향이 있으며, 분노에 대한 정서경험이 억제의 요인으로, 분노를 조절시키기 위해서 능동적으로 생각하고 정서표현하기를 강화시켜야 된다. 분노의 정서를 가지고 있는 내담자들은 심리적으로 불안해하고 답답함을 호소한다. 따라서 종종 상담자와 내담자의 상황을 조율하여서 상담실 안이 아닌 야외에서 자연과 더불어 상담을 진행하는 것도 내담자의 분노정서를 조절하는 데 도움을 줄 수 있다. 임상에서도 분노정서를 경험했던 내담자들을 살펴보면, 긍정적이고 능동적인 사고와 신념을 가질 때에 내담자 자신의 강점과 비전을 발견하고 합리적인 사고를 가지고 자신과 타인 간의 신뢰관계를 긍정적으로 형성하였다.

오늘날 도시의 각 지역마다 곳곳에 상담소들이 생겨나고 있다. 또한 다양한 종교와 관련된 상담소들을 운영하며, 상담 프로그램들도 진행하고 있다. 물론 다양한 심리학적인 상담의 이론을 이용한 면접상담 진행도 중요하지만, 가장 중요한 것은 상담자는 상처 받은 분노의 정서경험들을 가지고 있는 내담자를 상담할 때, 상담자 자신이 인격적이고 전문적인 자질 그리고 건강한 영성을 지니고 내담자와의 만남과 관계를 형성하는 것이다. 그리고 따뜻하고 진심어린 마음으로 내담자가 자신 스스로 문제를 해결할 수 있다는 긍정적이고 능동적인 에너지가 있다는 것을 느끼도록 인간애(人間愛)를 전하고 심어 주어야 할 것이다.

상담을 진행하다 보면, 때로는 대면상담이 아닌 집단 프로그램도 진행해야 할 필요성이 있다. 공감 형성을 통하여 수용과 지지를 기반으로 낮은 자존감을 향상시켜 나아갈 때에 내담자들은 부정적인 정서조절과 정서표현을 긍정적이고 능동적으로 정서를 조절함으로써 자신의 정신건강에도 긍정적인 영향을 미칠 것이며 자신과 타인 그리고 가정과 사회에도 긍정적이고 능동적인 영향을 줄 것이다.

2. 정서조절에 대한 상담의 과제

분노 등의 상황과 같은 정서조절에 대한 상담의 과제를 발전시키기 위해서는 다음과 같은 상담자들의 노력이 필요하다.

첫째, 정서조절은 다양한 대상에 따라 성별, 환경, 연령, 문화 등의 주제에서 접근할 수 있는 것이므로 유아부터 노인에 이르기까지 분노와 같은 부정적인 정서조절을 대상에 따라 세분화하여 연구를 기획해야 할 것이다.

둘째, 분노를 가지고 있는 내담자들은 언제, 어디서, 어떻게 분노의 정서를 조절할지 예측할 수 없다. 심리학적인 상담의 이론과 기법을 이용한 면접상담 진행도 중요하지만, 가장 중요한 것은 분노정서 경험을 가지고 있는 내담자들을 상담할 때, 그들과 공감하고 이해할 수 있는, 인격적이고 전문적인 자질 그리고 건강한 정신건강과 영성을 지녀야 한다. 또한, 긍정적이고 능동적인 만남과 관계를 형성하고 접근해야 할 것이다.

셋째, 내담자들의 부정적인 분노정서 경험을 인지에 초점을 두는 긍정적이고 능동적인 정서조절을 목표로 하는 추후 프로그램 개발 연구가 필요하다. 더불어 Gross의 정서조절 이론과 연계성이 있는 프로그램을 적용하여 분노에 대한 후속적인 연구 개발이 필요하다.

넷째, Gross의 정서조절 이론을 토대로 내담자들이 부정적인 정서경험을 통한 억압된 정서들을 표현하고, 부정적인 내재화·외현화 행동 문제들을 나타내는 분노정서 경험을 가지고 있는 내담자들에게 긍정적인 희망을 심어 줄 수 있는 전문상담자의 배출과 교육이 절실하게 필요하며, 지속적인 연구의 필요성이 있다.

다섯째, 분노를 가지고 있는 내담자들의 정서조절에 영향을 주는 것은 부모의 정서표현과 환경적인 요소 그리고 타인과의 애착관계들이다. 분노에 대한 정서 경험이 억제의 요인으로, 분노의 정서를 감소시키기 위해서 능동적으로 생각하고 정서표현하기를 강화시켜야 된다.

Part

04

정서조절 프로그램

분노의 상황에서는 대부분 부정적인 정서조절을 하게 된다. 하지만 부정적인 정서조절은 자신과 타인에게 좋지 못한 결과를 주게 된다. 따라서 Chapter 08. '정서조절을 위한 상담 프로그램의 실제'에서는 분노의 부정적인 정서상황을 긍정적으로 선택하고, 수정하고, 배치하며, 인지변화와 반응조절을 용서이론을 재구성하여 진행할 것이다. 본 Chapter를 통해 일상생활에서 매 순간 발생할 수 있는 작은 분노의 시발점에서 큰 지점까지 긍정적인 재인식과 평가를 함으로써 정서조절의 연습과 노력이 필요하다는 것을 중요하게 여길 것이다.

Chapter 08

정서조절을 위한 상담 프로그램의 실제

사람을 미워하면 그를 영영 이해할 수 없게 된다.

- 로웰 -

본 Chapter는 분노와 Enright의 용서이론 그리고 Gross의 이론을 재구성하여 정서조절 프로그램을 재구성하였다. 내담자의 연령과 대상에 따라 회기와 시간은 조정할 수 있다. 본 프로그램에서는 8회기로 구성하였으며, 프로그램의 목적 및 구성 등과 실제를 살펴볼 것이다.

1. 정서조절 프로그램의 필요성과 목적 및 구성

분노는 부정적인 정서 중의 하나이다. 개인의 일상생활에서 자신과 타인의 관계에서 언제든지, 어떤 상황에서도 발생할 수 있다. 이러한 분노는 심리적·육체적 그리고 정신적으로 다양한 정신건강에 악영향을 미친다. 이러한 분노를 부정적으로 조절할 경우, 인간관계 속의 신뢰와 믿음이 깨질 수도 있고 단절될 수도 있다. 아울러 가정과 사회의 무서운 범죄 원인도 될 수 있다. 따라서 이러한 분노를 근절하기 위해서는 긍정적으로 인지적 재해석 평가의 재구성이 필요하다. 또한 분노와 같은 정서상황에서 정서조절의 노력과 연습이 필요한 상담이 제공되어야 하며, 나아가 개인 및 집단의 프로그램이 실시되어야 한다.

Gross(2007)는 정서와 관련된 정서조절은 사람들이 살아가는 일상생활의 매일 대화에서 나타나고 그 경계선이 모호하기 때문에 부드러운 정서강도에서 강한 정서강도까지 나타난다고 하였다. 그 정서는 단순한 것에서부터 복잡한 것까지 포함하며, 사적인 것부터 공적인 것까지 범위는 매우 포괄적으로 나타난다고 하였다. 또한 이 정서조절은 부정적이기도 하고 긍정적이기도 하며, 의식적이고 무의식적이기도 하다고 하였다. 따라서 정서조절 과정 다섯 가지를 주장하였고, 상황수정, 주의배치, 인지변화, 반응조절로 구분하였다. Gross는 정서조절 과정을 제시하였지만 프로그램 과정은 제시하지 않았다.

이러한 Gross의 이론과 접목할 수 있는 이론이 용서이론이다. Enright와 같은 용서이론을 주장한 학자는 용서의 단계를 4단계의 과정으로 구성하였다. 발견하기, 결정하기, 실행하기, 심화의 단계를 통해서 내담자가 분노상황에서 용서를 실행해 가는 과정이다. 이러한 용서과정은 인지적·행동적 그리고 정서적 측면을 통합한다. 초점은 내담자의 인지적 변화에 있다. 이러한 용서과정 또한 정서조절 과정이다. 용서는 내담자가 용서하지 못할 정서상황에서 재해석과 평가를 통한 재구성이 필요하다. 따라서 용서는 정서조절이며, 정서조절은 용서이다. 따라서 본 프로그램은 Gross의 정서조절 과정과 Enright의 용서과정을 연계하여 개발하였다.

본 프로그램의 목적은 정서조절을 통하여 개인이 분노정서 상황에서 부정적인 생각을 긍정적인 생각으로 바꾸고, 능동적인 사고로 행동을 조절할 수 있도록 연습과 노력을 할 수 있도록 촉진하는 데 있다.

프로그램의 구성은 다양한 분노정서 경험을 가지고 있는 상태에서 일상생활의 정서조절에 어려움이 있는 아동부터 성인에 이르기까지 적용할 수 있다. 정서조절이 어려운 내담자들은 대부분 심리적으로 불안하다. 이러한 불안은 자신을 학대하기도 하고 타인에게 투사하기도 한다. 따라서 프로그램을 원활하게 진행하기 위해서는 내담자가 편안하게 느낄 수 있는 공간이 필요하다. 공간은 실내공간이나 자연을 배경으로 한 야외의 장소에서 진행할 수도 있다.

진행할 수 있는 시간은 1시간 단위이다. 상황에 따라서는 프로그램의 회기를 조정하여 더 늘릴 수도 있고, 시간도 1시간 30분으로 진행할 수 있다. 본 프로그램에서는 8회기로서, 1시간으로 진행한다. 연령과 대상에 따라 시간과 회기는 조절하여 진행해도 좋다.

2. 프로그램의 기대효과와 회기별 활동내용

정서조절이 어려운 내담자들은 복합적으로 다양한 정신건강의 어려움을 호소한다. 이러한 어려움들을 해결하기 위해서 정서조절 프로그램을 8회기로 구성하였다.

본 프로그램의 기대효과는 일상생활에서 나타나는 우울감, 분노감 그리고 공격성을 감소시키고 조절능력을 긍정적으로 바꾸는 능동적인 행동 향상이다.

아울러 어떤 문제 상황에서도 긍정적인 상황선택을 인지하며, 부정적인 환경을 바꿀 수 있으며, 자신과 타인의 행동 모습을 인지하고 자기수용 및 타인 수용을 하며 내적 경험과 성장을 한다. 또한 인지적·정서적 그리고 행동적으로 부정적이 아닌 긍정적 정서조절 연습과 노력을 통하여 정신건강에도 도움을 준다. 프로그램의 회기별 활동내용은 Gross의 정서조절 과정인 상황선택, 상황수정, 주의배치, 인지변화, 반응조절로 중점영역을 두었다.

먼저 1단계에서는 상황선택으로 1회기는 나를 소개하기, 2회기는 나를 찾아서이다. 1회기에서는 상담자와 내담자 간의 신뢰를 형성하고, 집단구성원 간에 정서표현과 존중하는 마음을 갖도록 하며 정서조절이 무엇인지 인지하도록 하는 것이다. 2회기에서는 현재 자신이 하고 싶은 것이 무엇인지 인식하고, 자신이 일상생활에서 인지하는 상황선택을 긍정적으로 선택하는 것이 중요하다는 것을 강조한다.

2단계에서는 상황수정으로 3회기는 나의 자아상, 4회기는 나의 자아수정하기다. 3회기에서는 일상생활에서 만나는 사람들마다 각자의 독특한 자아상이 있음을 인지하도록 한다. 더불어 자신의 독특함도 발견할 수 있도록 한다. 4회기에서는 분노의 원인이 무엇인지 반추하여 그 상황을 명확하게 인지하고 변화시키는 긍정적인 상황수정이 건강한 자아를 만들 수 있음을 강조한다.

3단계에서는 주의배치로 5회기 수정된 자아고정하기다. 5회기에서는 고정된 자아를 주의배치함으로써 부정적인 정서를 긍정적으로 전환시킬 수 있다는 것을 인지하도록 한다.

4단계에서는 인지변화로 6회기는 용서에 눈을 뜨기, 7회기는 용서로 시작하기다. 6회기에서는 용서는 자신의 정서와 신체건강에 밀접한 영향이 있다는 것을 설명한다. 7회기에서는 용서는 결국 나 자신을 사랑하고 자신과 타인을 공감하는 마음을 지니게 됨을 알려 준다.

마지막 5단계에서는 반응조절로 8회기 새로운 용서의 삶이다. 8회기에서는 용서는 그냥 되는 것이 아니라 노력과 연습이며, 결국 용서는 정서조절이라는 것을 강조한다. 또한 정서조절이 정신건강에도 영향을 끼침을 강조하고, 문제상황에 따른 정서표현을 적절하게 조절함으로써 건강한 정신과 몸을 가지고 미래의 꿈을 새롭게 실천해 가도록 안내한다.

3. 정서조절 프로그램의 구성

중점영역	회기	프로그램	활동내용	시간
상황선택	1	나를 소개하기	1. 서약서 및 설문지 작성하기 2. 별칭 짓고 소개하기 3. 정서조절 내용소개 4. 소감문 작성하기	60분
	2	나를 찾아서	1. 클래식 음악 들려 주기 2. 자신의 기분 들여다보기 3. 상황선택 내용 소개 4. 내가 하고 싶은 것 만들기 5. 소감문 작성하기	60분
상황수정	3	나의 자아상	1. 클래식 음악 들려 주기 2. 지금의 나의 표정 나누기 3. 나의 자아상 만들기 4. 소감문 작성하기	60분
	4	나의 자아수정하기	1. 클래식 음악 들려 주기 2. 나의 신체 바라보기 3. 상황수정 내용 소개 4. 신체 그리기 5. 소감문 작성하기	60분
주의배치	5	수정된 자아고정하기	1. 클래식 음악 들려 주기 2. 주위의 사물 바라보기 3. 주의배치 내용 소개 4. 바구니 꾸미기 5. 소감문 작성하기	60분
인지변화	6	용서에 눈을 뜨기	1. 클래식 음악 들려 주기 2. 화날 때 나의 모습 나누기 3. 용서 내용 소개 4. 좋아하는 사람, 싫어하는 사람 그리기 5. 소감문 작성하기	60분
	7	용서로 시작하기	1. 클래식 음악 들려 주기 2. 용서의 경험 나누기 3. 인지변화 내용 소개 4. 목걸이 만들기 5. 소감문 작성하기	60분
반응조절	8	새로운 용서의 삶	1. 클래식 음악 들려 주기 2. 반응조절 내용 소개 3. 비밀선물 만들기 4. 설문지 및 평가하기 5. 소감문 작성하기	60분

4. 프로그램 회기별 진행내용 및 실제

1회기	나를 소개하기	
중　점	상황선택	
일　정	0000년　0월　00일	소요시간　60분
목　표	집단원 간에 공감대를 형성하고, 자기 정서를 자유롭게 표현하도록 촉진한다.	
준 비 물	클래식 음악자료, 이름표, 필기도구 및 색연필, A4용지, 설문지, 카메라, 간식	
기대효과	1. 집단활동에 대한 책임감과 목표를 인식한다. 2. 신뢰감 및 친밀감을 형성한다. 3. 문제 상황선택에 대한 정서조절을 이해한다.	
도입 (5~10분)	1. 클래식 음악을 들려 준다. (사랑의 인사/엘가)	
전개 (30~40분)	1. 서약서와 설문지를 작성하도록 한다. 2. 별칭을 정하고, 자유롭게 발표하도록 한다. 3. 이름표, 사인펜, 필기도구를 나누어 준다. 4. 자신이 좋아하는 꽃이나 나무 중에서 별칭으로 선택하고 꾸미도록 한다. 5. 정서조절을 설명한다.	
정리 (5~10분)	1. 서로 다름에 대한 인식을 갖도록 한다. 2. 집단구성원 간에 정서표현과 존중하는 마음을 갖도록 한다. 3. 정서조절의 중요성을 알도록 한다. 4. 참석한 소감에 대한 글을 작성하고, 자유롭게 발표하도록 한다. 5. 간식을 먹으며 상호친밀감을 형성한다.	
유의사항	1. 상대방의 별칭 선택에 놀림이나 혐오감을 주지 않도록 주의한다. 2. 별칭은 타인과의 의논이 아닌, 자신이 스스로 좋아하는 것을 선택하도록 한다. 3. 상대방의 정서표현을 끝까지 경청하고 공감하도록 한다.	

2회기	나를 찾아서	
중 점	상황선택	
일 정	0000년 0월 00일	소요시간 60분
목 표	부정적 정서경험에서 긍정적인 정서 대처방략을 찾아서 선택하도록 촉진한다.	
준 비 물	클래식 음악자료, 찰흙, 색종이, 신문지, 풀, 필기도구, 스티커, A4용지, 카메라, 간식	
기대효과	1. 자신이 하고 싶은 것을 선택할 수 있는 자각을 향상한다. 2. 부정적인 환경을 바꿀 수 있는 행동을 촉진한다.	
도입 (5~10분)	1. 클래식 음악을 들려 준다. (다뉴브강의 잔물결/이바노비치)	
전개 (30~40분)	1. 상황선택에 대하여 설명한다. 2. 자신이 일상생활에서 하고 싶은 것들을 떠올리며, 그 상황에서 가장 하고 싶은 것을 상징하는 것을 만들어 보도록 한다. 3. 신문지, 찰흙, A4 용지를 나누어 준다. 4. 작업을 마친 후에는 자신의 작품을 모두가 볼 수 있도록 중앙 한 곳에 모아 둔다. 5. 작품에 대한 제목과 줄거리를 작성한 후에 소감문을 작성한다.	
정리 (5~10분)	1. 자신의 작품을 자유롭게 발표하도록 한다. 2. 현재 자신이 하고 싶은 것이 무엇인지 인식하고, 자신이 일상생활에서 인지하는 상황을 긍정적으로 선택하는 것이 중요하다는 것을 강조한다. 3. 참석한 소감에 대한 글을 작성하고, 자유롭게 발표하도록 한다. 4. 간식을 먹으며, 상호친밀감을 형성한다.	
유의사항	1. 자유롭게 표현할 수 있도록 편안한 분위기를 조성한다. 2. 상대방의 정서표현을 경청하고 공감하도록 한다.	

3회기	나의 자아상	
중 점	상황수정	
일 정	0000년 0월 00일	소요시간 60분
목 표	자신의 독특한 자아상과 타인의 자아상을 인식하도록 촉진한다.	
준 비 물	클래식 음악자료, 야채, 곡식, 필기도구, A4용지, 도화지, 카메라, 간식	
기대효과	1. 자신에 대한 자아상을 인식한다. 2. 자기자신과 타인의 모습을 인식한다.	
도입 (5~10분)	1. 클래식 음악을 들려 준다. (백조/생상스)	
전개 (30~40분)	1. 지금 여기에서 자신이 누구인가를 자유롭게 상상하며 이야기하도록 한다. 2. 나는 누구인가, 내면을 들여다보도록 한다. 3. 다양한 야채들과 도화지를 나누어 준다. 4. 야채들을 만짐으로써 그것에 대한 독특함을 느끼며, 내가 누구인지를 상징하는 것을 만들어 보도록 한다. 5. 작품에 대한 제목과 줄거리를 작성한다.	
정리 (5~10분)	1. 자신이 만든 작품을 설명하고, 자유롭게 발표하도록 한다. 2. 일상생활에서 만나는 사람들마다 각자의 독특한 자아상이 있음을 설명한다. 3. 참석한 소감에 대한 글을 작성하고 자유롭게 발표하도록 한다. 4. 간식을 먹으며, 상호친밀감을 형성한다.	
유의사항	1. 타인의 작품을 비난하지 않도록 주의한다. 2. 작품 재료를 타인의 신체에 묻히거나 혐오감을 주지 않도록 주의한다. 3. 상대방의 정서표현을 끝까지 경청하도록 한다.	

4회기	나의 자아 수정하기	
중　　점	상황수정	
일　　정	0000년 0월 00일	소요시간 60분
목　　표	부정적인 정서상황을 반추할 수 있는 정서적 충격을 수정하도록 촉진한다.	
준 비 물	클래식 음악자료, 색종이, 색지, 풀, 가위, A4용지, 전지, 필기도구, 카메라, 간식	
기대효과	1. 부정적인 정서상황에서 긍정적인 정서 대처방략을 향상한다. 2. 자기행동과 타인행동을 인식한다.	
도입 (5~10분)	1. 클래식 음악을 들려 준다. (낯선사람들/슈만)	
전개 (30~40분)	1. 일상생활에서 분노가 나타날 때, 자신의 신체반응들을 자유롭게 표현하도록 한다. 2. 상황수정에 대하여 설명한다. 3. 전지와 색종이, 색지를 나누어 준다. 4. 전지에 자신의 신체부분들을 수정할 수 있는 것을 구체적으로 표현하도록 한다. 5. 작품에 대한 제목과 줄거리를 작성한다.	
정리 (5~10분)	1. 자신이 만든 작품을 자유롭게 표현하고 설명한다. 2. 일상생활에서 분노는 신체반응에 부정적인 영향을 미친다는 것을 강조한다. 3. 분노의 원인이 무엇인지 반추하며 그 상황을 명확하게 변화시키는 긍정적인 상황수정이 건강한 자아를 만들 수 있음을 강조한다. 3. 참석한 소감에 대한 글을 작성하고 자유롭게 발표한다. 4. 간식을 먹으며 상호친밀감을 형성한다.	
유의사항	1. 억압된 정서표현을 자유롭게 표현하도록 안정된 분위기를 조성한다. 2. 자신과 타인의 정서표현에 충분히 공감할 수 있는 분위기를 조성한다.	

5회기	수정된 자아고정하기	
중 점	주의배치	
일 정	0000년 0월 00일	소요시간 60분
목 표	분노상황의 주의산만에서 상황을 배치하고 주의초점을 전환하도록 촉진한다.	
준 비 물	클래식 음악자료, 꽃바구니, 꽃바구니를 꾸밀 수 있는 다양한 소재들, A4용지, 필기도구, 카메라, 간식	
기대효과	1. 자기수용 및 타인수용을 한다. 2. 내적 경험과 성장을 한다.	
도입 (5~10분)	1. 클래식 음악을 들려 준다. (월광소나타/베토벤)	
전개 (30~40분)	1. 분노가 발생할 때, 주의가 산만할 때가 어떤 상황이었는지를 표현하도록 한다. 2. 주의배치에 대하여 설명한다. 3. 일상생활에서 화가 나거나 분노가 발생할 때는 주의배치가 필요함을 설명한다. 4. 꽃바구니와 다양한 소재들을 나누어 주고, 부정적인 생각들을 긍정적으로 배치한 초점으로 꽃바구니를 장식하도록 한다. 4. 작품에 대한 제목과 줄거리를 적는다.	
정리 (5~10분)	1. 자신의 작품을 자유롭게 설명한다. 2. 일상생활에서 분노의 상황을 전환할 수 있는 환경이 필요함을 강조한다. 3. 주의배치를 함으로써 부정적인 정서를 긍정적으로 전환시킬 수 있음을 알려 준다. 4. 참석한 소감에 대한 글을 작성하고, 자유롭게 발표한다. 5. 간식을 먹으며, 상호친밀감과 정서를 표현하도록 한다.	
유의사항	1. 자신과 상대방에 대한 생각과 정서를 충분히 표현하도록 편안한 분위기를 조성한다.	

6회기	용서에 눈을 뜨기	
중 점	인지변화	
일 정	0000년 0월 00일	소요시간 60분
목 표	부정적인 정서를 재해석·재평가하도록 촉진한다.	
준 비 물	클래식 음악자료, 4절지 도화지, 크레파스, 필기도구, 카메라, 간식	
기대효과	1. 자기행동과 타인행동을 인식한다. 2. 긍정적인 정서를 인지한다.	
도입 (5~10분)	1. 클래식 음악을 들려 준다. (사랑의 꿈/리스트)	
전개 (30~40분)	1. 용서가 무엇인지를 자유롭게 이야기하도록 한다. 2. 용서에 대하여 설명한다. 3. 도화지와 크레파스를 나누어 준 후에, 좋아하는 사람과 싫어하는 사람을 그려 보도록 한다. 4. 작품의 주제를 정하고 줄거리를 작성한다.	
정리 (5~10분)	1. 작품에 대한 설명을 자유롭게 표현한다. 2. 용서는 자신의 정서와 신체건강에 밀접한 영향이 있다는 것을 설명한다. 3. 간식을 먹으며, 상호 친밀감과 정서를 표현하도록 한다.	
유의사항	1. 솔직한 정서를 표현할 수 있는 경청과 수용의 분위기를 조성한다. 2. 상대방의 솔직한 표현에도 비난하지 않고, 끝까지 들어 준다.	

7회기	용서로 시작하기	
중 점	인지변화	
일 정	0000년 0월 00일	소요시간 60분
목 표	용서를 시작하고 실천하도록 촉진한다.	
준 비 물	클래식 음악자료, 목걸이 재료, 투명실, 필기도구, 카메라, 간식, 사탕	
기대효과	1. 용서를 통하여 카타르시스를 경험한다. 2. 자기와 타인에 대한 수용과 공감능력을 향상한다.	
도입 (5~10분)	1. 클래식 음악을 들려 준다. (너를 사랑해/사티)	
전개 (30~40분)	1. 용서 실천에 대한 신체변화와 정서상황을 나눈다. 2. 인지변화를 설명한다. 3. 용서의 목걸이를 만들어 보도록 목걸이 재료들을 나누어 준다. 4. 용서의 목걸이를 매달고 다닐 경우, 자신과 타인에게 어떤 변화들이 생길 것인가를 이야기하도록 한다. 5. 용서의 목걸이를 만든 후에 자신의 목에 걸어 준다. 6. 작품에 대한 소감문을 작성한다.	
정리 (5~10분)	1. 작품을 완성한 후, 참석한 소감문을 작성하고 자유롭게 발표하도록 한다. 2. 용서는 연습과 노력이 필요하며, 긍정적이고 능동적인 정서조절임을 강조한다. 3. 용서는 결국 나 자신을 사랑하고, 자신과 타인에게 공감하는 마음을 지니게 됨을 알려 준다. 4. 간식을 먹으며, 상호친밀감을 형성하도록 한다.	
유의사항	1. 억압된 부정적인 느낌을 자유롭게 표현하도록 분위기를 안정시킨다.	

8회기	새로운 용서의 삶	
중 점	반응조절	
일 정	0000년 0월 00일	소요시간 60분
목 표	용서는 부정적인 정서를 조절할 수 있으며, 인지적·정서적·행동적으로 긍정적인 정서반응을 변화시킨다는 것을 촉진한다.	
준 비 물	클래식 음악자료, 설문지 및 평가지, 필기도구, A4용지, 시상식 상품, 카메라, 간식, 각자가 준비한 비밀 선물재료와 박스, 편지지, 촛불	
기대효과	1. 정서조절을 향상한다. 2. 스트레스 및 분노, 우울, 공격성이 감소된다.	
도 입 (5~10분)	1. 클래식 음악을 들려 준다. (그대를 사랑해/그리그)	
전개 (30~40분)	1. 용서를 인지하며, 실천한 경험을 나눈다. 2. 반응조절을 설명한다. 3. 용서를 해 준 자신에게 주는 선물을 만든다. 4. 자신에게 보내는 편지를 쓴다. 5. 선물과 편지를 자유롭게 열어 보고 읽어 보도록 한다.	
정리 (5~10분)	1. 전체 활동에 대한 소감을 자유롭게 표현하도록 한다. 2. 시상식을 통하여 집단구성원 간에 칭찬과 격려를 한다. 3. 설문지와 평가문을 작성한다. 4. 정서조절은 용서라는 것을 다시 한 번 강조한다. 결국 정서조절은 긍정적인 상황을 선택, 수정 그리고 배치를 통한 용서의 연습과 노력이라는 것을 강조한다. 따라서 정서조절이 정신건강에도 영향을 끼침을 강조하고, 문제상황에 따른 정서표현을 적절하게 조절함으로써 건강한 정신과 몸을 가지고 미래의 꿈을 새롭게 실천해 가도록 안내한다. 5. 간식을 먹으며, 상호친밀감을 형성하고 다짐하도록 한다.	
유의사항	1. 문제상황에 따른 정서조절을 적절하게 알리고 긍정적으로 표현하는 것을 꾸준하게 연습하고, 실천하도록 한다. 2. 지금 여기의 다짐이 지속되도록 강조한다.	

5. 강의 진행자용

1회기: 나를 소개하기

목표: 집단원 간에 공감대를 형성하고, 자기 정서를 자유롭게 표현하도록 촉진한다.

[1] 도입

✔ 프로그램 안내 및 소개

✔ 준비물: 필기도구, 명찰, 색연필, 설문지, 학생용 활동지, 설문지, 카메라, 간식, 차분한 클래식 음악자료

▸▸▸ 안녕하세요?

- 여러분, 반갑습니다.
- 저는 이번에 여러분과 정서조절 프로그램을 진행할 ○○○입니다.
- 이렇게 멋있고 아름다운 여러분을 만나게 되어서 개인적으로 기쁘게 생각합니다.
- 자 여러분, 잠시 아름다운 음악을 들려드리겠습니다.
- 여러분 지금 기분이 어떠세요? (질문)
- 네! 그래요. 어떤 분은 기분이 짜증 나는 분도 있을 것이고, 어떤 분은 상쾌한 분도 있을 것이고, 슬픈 분도 있겠고 또, 다른 감정들이 있겠지요.
- 저는 음악을 들으니까 마음이 차분해지고, 행복한 마음이 생깁니다.
- 여러분, 행복한 사람의 마음에는 어떤 감정이 들어 있을까요? (질문)
- 저는 행복한 사람의 마음에는 '사랑'이라는 정서가 내면 깊숙이 자리 잡고 있지 않을까 생각되네요.
- 여러분의 마음에도 프로그램을 통하여 사랑이라는 정서가 전해지기를 바랍니다.
- 여러분! 선생님을 따라서 해 볼까요?
- 친구야 안녕? 너를 사랑해. 친구야 안녕? 너를 사랑해. 사랑해. 사랑해. 사랑해. 사랑해. 나는 너를 사랑해.

- 어때요? 여러분의 마음에 행복한 사랑이 담겨졌나요?
- 그럼, 상대방의 얼굴을 마주 보고 지금 불러드린 가사에 곡을 붙여서 저의 반주에 맞추어 노래를 불러 볼까요?
- 친구야 안녕? 너를 사랑해. 친구야 안녕? 너를 사랑해. 사랑해. 사랑해. 사랑해. 너를 사랑해.
- 자 여러분, 상대방의 얼굴을 보세요.
- 상대방의 얼굴이 행복한 사랑의 얼굴로 바뀌었나요? (질문)
- 예. 여러분, 시골에 가 보신 적 있으신가요? (질문)
- 요즘에는 시골에 문들이 대부분 대문으로 만들어져있지만, 옛날에는 싸리문으로 되어 있었어요.
- 그런데 그 싸리문을 꼭 닫아놓으면, 그 안에 무엇이 있나 알 수가 없었어요.
- 어떻게 해야 그 안을 볼 수 있었을까요? (질문)
- 예. 맞습니다.
- 문을 활짝 열어야 그 안을 들여다볼 수 있었습니다.
- 우리 사람들에게는 마음의 문이 있습니다.
- 그 마음의 문이 꼭 닫혀 있으면, 그 상대방의 마음을 들여다볼 수 없습니다.
- 여러분 저를 따라 해 보실까요?
- 나의 마음의 문을 활짝 엽니다.
- 다시 한 번 상대방의 얼굴을 보고 나의 마음의 문을 활짝 엽니다.
- 모두 마음의 문이 활짝 열리셨나요? (질문)
- 예. 그러면 여러분 모두 앞을 보십시오.
- 여러분과 함께 할 프로그램 활동지를 나누어드리겠습니다.
- 예. 모두 받으셨나요? (질문)
- 예. 그러면 금번 여러분과 제가 함께 할 프로그램에 대해서 소개하겠습니다.

▸▸▸ 이 프로그램의 목적은,

- 사람들은 일상생활에서 다양한 정서들을 경험합니다. 다양한 정서경험에는 긍정적인 것도 있고, 부정적인 것도 있습니다. 특히, 우리들이 가족이나 친구 등과 싸우게

되면, 오해가 될 수도 있지만 엄청나게 화가 날 수도 있고, 그 화는 분노가 되어서 큰 싸움으로 번지거나 서로의 관계가 단절될 수도 있습니다.

- 여러분들은 우울하고 분노가 일어나고 공격하고 싶을 때, 언제 어떻게 마음을 조절했나요? 어떻게 정서를 조절했나요? 내 마음을 아프게 한 친구나 가족들을 계속 멀리하고 부정적인 감정을 가지고 있다면 나의 마음은 행복할까요?
- 여러분과 짧은 8회기의 시간이지만 이 프로그램을 함께 하면서, 정서조절을 하는 것입니다. 즉, 이번 프로그램의 목적은 정서조절을 통하여 부정적인 생각을 긍정적으로 바꾸고, 능동적으로 생각하기를 향상시키는 것입니다. 여러분이 8회기 동안 진행할 프로그램 내용은 나를 소개하기, 나를 찾아서, 나의 자아 수정하기, 수정된 자아고정하기, 용서에 눈을 뜨기, 용서로 시작하기, 새로운 용서의 삶입니다. 이번 프로그램이 여러분의 정서조절에 도움이 되는 기회가 되길 기대합니다.

[2] 전개

►►► 서약서 쓰기

- 먼저 여러분이 이 프로그램을 진행하기 전에 저와 함께 서약서를 약속해야 합니다.
- 여러분에게 이 서약서를 나누어드리겠습니다.
- 이 서약서는 8회기 동안 모두 함께 이 프로그램을 잘 마치기 위한 것입니다.
- 여러분! 서약서의 내용을 보시고 우리들의 약속을 다 함께 큰 소리로 다짐하겠습니다.
- 제가 '일' 하면 여러분은 일에 대한 문장을 서약하는 것입니다.
- 일, 집단활동에 적극적으로 참여하겠습니다.
- 이, 시간약속을 잘 지키겠습니다.
- 삼, 친구들에게 최대한 솔직해지려고 노력하겠습니다.
- 사, 집단 안에서 한 이야기는 절대 비밀로 지키겠습니다.
- 오, 정직하며, 스스로 생각하여 표현하고, 상대방의 의견을 존중하겠습니다.
- 육, 솔직하게 표현하며, 적극적인 자세로 상대방의 말을 주의 깊게 경청하겠습니다.
- 칠, 마음을 안정시키고 자연스럽게 활동하겠습니다.
- 팔, 지금! 여기에! 관심을 집중하겠습니다.

- 구, 상대방의 표현이 내 기분에 거슬리더라도 공격적인 반응 예를 들어, 화내기, 욕설하기, 시비 걸기, 빈정거리기, 집적거리기 등을 하지 않겠습니다.
- 십, 휴대전화를 켜지 않겠습니다.
- 나 ○○○는 위의 약속을 지켜 나갈 것을 다짐합니다.
- 네. 감사합니다.
- 그러면 여러분들의 날짜와 이름 그리고 서명 란에 사인을 하여 주시기 바랍니다.
- 예! 모두 서명을 하셨으면 제출하여 주시기 바랍니다.

▶▶▶ 별칭 짓기

- 여러분! 여러분은 누구입니까? (질문)
- 사람들은 누구나 이름이 있어요. 학교에서, 집에서, 직장에서, 친구 사이에서, 또 다른 각각의 이름이 있습니다. 그러나 이번 프로그램을 진행하는 동안은 평소에 불렀던 그 이름이 아니라 8회기 동안 불리고 싶은 이름이 아닌 또 하나의 별칭을 지어야 합니다.
- 별칭을 왜 짓느냐면 별칭을 짓고 부름으로써 자신들의 모습을 자연스럽게 나타낼 수 있고, 서로 친밀감을 느낄 수 있고, 새로운 마음으로 편견 없이 상대방을 대할 수 있기 때문입니다. 또한 서로의 개성을 엿볼 수 있고, 대화가 부드럽게 이루어질 수 있습니다.
- 오늘 여러분의 별칭은 꽃이나 나무 중에서 선택해 주십시오. 만약 나무처럼 살고 싶다면 자신이 좋아하는 나무의 이름을 선택하고, 꽃을 좋아한다면 자신이 좋아하는 꽃을 선택해서 별칭을 지어 보세요. 자신의 겉모습이 아닌 감정과 느낌이 담긴 나로 표현해 주세요. 여러분들에게 부탁드리고 싶은 것은 상대방의 별칭 선택을 놀리거나 혐오감을 주지 않도록 주의하시기 바랍니다. 별칭은 다른 사람과 의논하지 않고, 자신이 좋아하는 것을 스스로 선택하시기 바랍니다.
- 별칭을 다 지은 친구는 왼쪽 가슴에 여러분 모두가 볼 수 있도록 명찰을 달아 주세요.
- 여러분, 그 다음에는 간단한 나의 소개를 이어서 작성해 주세요.
- 모두 작성하셨습니까? (질문)
- 예. 그러면 자유롭게 자신과 별칭의 의미를 소개하겠습니다.

- 별칭을 부를 때는 '야! ○○○야' 가 아니라 별칭 뒤에 꼭 '님'을 붙여 호칭하여 주십시오.
- 그럼, 어떤 친구가 먼저 발표하시겠습니까?
- 네. 그러면 ○○○님이 먼저 발표하여 주십시오.
- 여러분, 상대방이 별칭을 소개할 때는 상대방의 눈을 보고 고개를 끄덕끄덕하면서 공감과 경청을 해 주셔야 상대방이 자기소개를 할 수 있겠지요?
- 예. 모두 감사합니다.
- 저도 저의 별칭을 소개해드리겠습니다.
- 저의 별칭은 ○○○입니다.
- 간단하게 저를 소개하자면 나의 소속은 ○○○이고, 나의 가족관계는 ○○○와 살고, 좋아하는 수업은 ○○○이며, 현재 생활은 ○○○하고, 나의 성장 과정은 ○○○했고, 장래희망은 ○○○이고, 나의 별칭을 정하게 된 동기와 이유는 ○○○이기 때문입니다.
- 이 프로그램을 통해서 이루고 싶은 목표는 ○○○이 되기를 원합니다.
- 이런 방법으로 여러분을 소개하시면 됩니다.

►►► 정서조절 설명하기

- 예. 여러분, 감사합니다.
- 자 여러분, 이번 프로그램은 정서조절이 큰 주제이지요?
- 하지만 먼저, 정서라는 의미를 이해해야 합니다.
- 여러분은 정서를 무엇이라고 생각하시나요? 옆사람과 잠시 이야기를 나누어 볼까요?
- 정서는 기분, 감정, 느낌의 용어와 함께 비슷하게 사용되기도 합니다.
- 정서는 날씨처럼 자주 변화하고 지속기간이 짧습니다. 특정한 대상이 있습니다. 특정한 대상과 관련된 행동반응경향성을 발생시킵니다. 반대로 기분은 mood입니다. 멀리 확산되고 지속적인 시간이 깁니다. 대상은 특정적이지 않습니다. 접근, 회피행동 반응성을 발생시키지만 행동보다는 인지를 더욱 편향시키기도 합니다. 자, 그러면 정서와 감정을 비교해 볼까요?
- 정서는 감정을 포함한 상태와 과정입니다. 정서와 기분을 위계적 관점으로 볼 때, 개별정서, 즉 쾌냐, 불쾌냐의 차원의 기분입니다. 감정은 affect입니다. 분노, 슬픔과 같은 정서, 우울이나 도취와 같은 기분 예를 들면, 좋음과 싫음과 같은 성향적인

상태입니다. 또한 활기참과 급한 성미와 같은 특징을 포함하는 쾌와 불쾌 차원의 기분입니다.

- 정서와 느낌을 비교해 보겠습니다.
- 정서는 상황이나 대상의 전체적인 것 때문에 발생하며 특정 행동을 유발합니다.
- 느낌은 feeling입니다. 상황이나 대상의 특정 측면 때문에 발생하는 것으로 막연한 감정입니다.
- 그렇다면 정서조절이 뭘까요? (질문)
- 예. 여러분들이 생각하는 정서조절의 의미가 모두 다르겠지요.
- 정서조절은 영어로 emotion regulation입니다. Gross라는 신경심리학 학자는 정서조절을 어떤 정서를 언제, 어떻게 경험하고, 표현할 것인가에 개인이 영향을 미치는 과정이라고 합니다. 정서조절은 첫째는 정서를 조절하는 것과 정서에 의해서 조절되는 것, 둘째, 자신의 정서를 조절하는 것과 타인의 정서를 조절하는 것, 셋째, 의식적인 정서조절과 무의식적인 정서조절 과정이 있습니다. Gross 학자는 정서조절 과정이라는 모델을 제시하였는데, 사람들은 어떤 상황에 처하고, 상황의 일정한 측면에 주의를 기울이고, 특정한 방식으로 그러한 측면들을 평가하고 평가의 결과로 정서에 반응을 경험한다는 것입니다. 이 모델의 과정에서는 이 모델의 특정 단계에서 내려지는 어떤 결정은 서로 다른 정서적 결과를 가져오며, 조절의 방략들은 이 과정의 어느 부분에서 발생하느냐에 따라 분류될 수 있다고 합니다. 그래서 과정의 단계는 상황선택-상황변화-주의배치-평가-정서반응으로 나타난다고 합니다.
- 자, 여러분은 일상생활에서 정서조절을 어떻게 하고 있나요? 그림이나 글 또는 이야기로 나누어 볼까요?
- 여러분, 우리가 어떠한 분노상황에 처했을 때 어떤 정서조절 방략을 선택하시나요?
- 그런데 이러한 정서의 상황에서 일어나는 과정에서 사람들은 다양한 정서조절을 사용한다고 합니다. 예를 들면, 인지적·행동적·정서적으로 나타난다고 합니다. 먼저 인지적 방략에서 방법은 자신의 생각과정을 변화시키는 방법을 배워서 정서를 변화시키는 것을 말할 수 있습니다. 예를 들면, 긍정적으로 생각하기, 능동적으로 생각하기, 긍정적으로 재평가하기, 인지적으로 수용하기 등을 말할 수 있습니다.

- 행동적 방략의 방법은 긍정적 정서를 유발시키는 행동을 배워서 정서를 변화시키는 것입니다. 예를 들면, 음악 듣기, 영화 보기, 운동하기, 산책하기, 요리하기, 조언 구하기 등을 말할 수 있습니다.
- 정서적 방략의 방법은 자신이 어떤 정서를 경험하고 있는지를 알아차리고 그 정서를 표현해 봄으로써 정서를 변화시키는 것으로서 예를 들면 공감 얻기, 느낌 표현하기, 즐거운 것 상상하기, 느낌 적기, 정서 느끼기, 행복한 기억 떠올리기 등을 말할 수 있습니다.

[3] 정리

- 벌써 오늘 첫 회기가 마치는 시간이 다가왔습니다.
- 오늘 여러분들이 모두 약속한 내용을 잘 지켜 주셨습니다.
- 여러분들이 서로 정서조절에 대해서 이야기를 나누다 보면, 상대방이 나와 전혀 다른 인식을 가지고 있다는 것을 느낄 것입니다.
- 여러분들이 서로 다름에 대한 인식과 서로 존중하는 마음을 지속적으로 갖기를 바랍니다.
- 오늘 배운 정서조절에 대한 내용들이 여러분의 생활에 도움이 되기를 바랍니다.
- 여러분 오늘 어떠셨습니까?
- 각자 나누어드린 경험보고서에 여러분이 오늘 참석한 소감문을 작성해 주시기 바랍니다.
- 예. 모두 작성하셨나요?
- 그러면 자유롭게 오늘 소감을 발표해 주시기 바랍니다.(발표)
- 네. 여러분 오늘 정말 수고하셨습니다.
- 앞으로 매 회기를 마칠 때는 프로그램에 적극적으로 잘 참석한 친구들에게 스티커를 통해서 칭찬의 보상을 하겠습니다.
- 오늘 모두 수고하셨습니다.
- 감사합니다.

2회기: 나를 찾아서

목표: 부정적 정서경험에서 긍정적 정서방략을 찾아서 선택하도록 촉진한다.

[1] 도입

✔ 준비물: 클래식 음악자료, 신문지, 찰흙, A4용지, 필기도구, 카메라, 간식

►►► 여러분 반갑습니다.

- 일주일 동안 잘 지내셨습니까? 어떻게 지내셨습니까? (질문)
- 예. 오늘은 제 2회기 나를 찾아서를 진행하려고 합니다.
- 먼저 시작하기 전에 서약서를 다시 한 번 약속하겠습니다.
- 다 같이 오른손을 들고 읽어 봅시다.
- 일, 집단활동에 적극적으로 참여하겠습니다.
- 이, 시간약속을 잘 지키겠습니다.
- 삼, 친구들에게 최대한 솔직해지려고 노력하겠습니다.
- 사, 집단 안에서 한 이야기는 절대 비밀로 지키겠습니다.
- 오, 정직하며, 스스로 생각하여 표현하고, 상대방의 의견을 존중하겠습니다.
- 육, 솔직하게 표현하며, 적극적인 자세로 상대방의 말을 주의 깊게 경청하겠습니다.
- 칠, 마음을 안정시키고 자연스럽게 활동하겠습니다.
- 팔, 지금! 여기에! 관심을 집중하겠습니다.
- 구, 상대방의 표현이 내 기분에 거슬리더라도 공격적인 반응 예를 들어, 화내기, 욕설하기, 시비 걸기, 빈정거리기, 집적거리기 등을 하지 않겠습니다.
- 십, 휴대폰을 켜지 않겠습니다.
- 나 ○○○는 위의 약속을 지켜 나갈 것을 다짐합니다.
- 예. 고맙습니다.
- 잠시 클래식 음악을 듣겠습니다.
- 여러분, 지금 기분이 어떻습니까? (질문)

- 잠시 게임 하나를 하겠습니다. 게임은 거울게임입니다.
- 2명씩 짝을 지어서 가위바위보를 합니다.
- 모두 가위바위 보…… 누가 이겼습니까?
- 그러면 서로 마주 봅니다. 이긴 사람 손들어 보세요. 진 사람 손들어 보세요.
- 이긴 사람은 제가 이야기한 표정을 지어 볼 겁니다.
- 그러면 그 표정을 진 사람이 따라서 하는 것입니다(분노, 우울, 공격, 행복, 기쁨 등).
- 반대로 진 사람이 표정을 짓고 이긴 사람이 따라서 합니다(분노, 우울, 공격, 행복, 기쁨 등)
- 예. 어떻습니까? 거울게임이 즐겁습니까?
- 오늘의 주제는 나를 찾아서 입니다. 오늘 목표는 부정적 정서경험에서 긍정적인 정서 대처방략을 찾아서 선택하도록 촉진하는 것입니다.

[2] 전개

- 여러분, 분노는 무엇이라고 생각하시나요? 옆 사람과 이야기를 나누어 볼까요?
- 분노는 다른 사람에게 해를 입히려는 욕망 혹은 그 사람을 몰아내는 추동과 관련된 정서라고 볼 수 있습니다.
- 여러분은 어떤 상황에서 분노가 발생했을 때, 어떤 상황을 선택해 보신 적이 있으십니까?
- 우리들은 일상생활에서 어떤 상황이 발생했을 때 그 어떤 상황을 선택해야 합니다.

▸ 상황선택 설명하기

- 여러분은 상황선택이 어떤 것이라고 생각하시나요?(질문)
- 그렇지요. 상황선택은 우리들이 일상생활에서 어떤 상황을 선택하는 것입니다.
- 상황선택은 사람들이 노출되어 있는 특정 상황에서 어떤 정서적인 영향을 받기 때문에 어떤 정서의 틀을 만들게 되고, 어떠한 상황에서 더 쉽게 취할 수 있는 행동과 연관되어 있습니다. 예를 들면, 어떤 약속을 지켜야 하고, 어디로 가서 점심도 먹어야 하고, 누구와 시간을 보내기도 하고, 퇴근도 하고, 즉 어떤 일을 할 것인지에 대해 수많은 결정을 내리는 것을 의미하기도 합니다. 예를 들어, 친구와 싸웠을

때 그 친구를 피하기, 기분이 나쁘거나 운이 없을 때는 개그콘서트나 웃기는 영화 보기, 또는 실컷 울 수 있는 친구 등을 찾는 것입니다.

- 우리들의 일상생활에서 예를 들면, 부정적인 정서상황에서 기본적인 정서의 틀을 바꿀 수 있도록 취하는 것입니다. 하지만 부정적인 상황에서는 이 상황을 인식하기가 어렵습니다. 특히, 분노가 치밀어 올랐을 때의 상황은 더욱 그렇습니다. 그렇기 때문에 우리들은 부정적인 상황에서 긍정적인 정서로 바꿀 수 있는 능동적인 행동의 상황을 선택하는 노력이 어렵습니다.
- 여러분에게 분노가 일어났을 때, 어떤 장소였나요?
- 어떤 상황 때문에 분노가 나타났나요?
- 분노상황이 되었을 때, 기분은 어땠나요?
- 여러분들의 일상생활에서 분노가 일어났던 상황, 예를 들면, 가정에서, 학교에서, 학원에서, 직장에서 어떤 상황에서 다른 곳으로 상황을 바꾸고 싶고, 노력하여 선택하고 싶은데 선택하지 못한 적이 있었나요? (질문)
- 그렇지요? 어떤 분은 선택하셨던 분도 있으셨겠지요. 아니면, 마음은 원하지만 행동은 그렇게 되지 않으셨던 분도 계시겠지요?
- 이 시간 잠시, 눈을 감아 보겠습니다.
- 그리고 진정으로 자신의 일상생활 특히 분노경험 상황에서 하고 싶은 무엇인가를 떠올려 보십시오.
- 분노의 상황에서는 누구나 어느 상황을 선택하게 됩니다. 분노경험을 했던 그 순간을 잠시 생각해 보면서 그 한 가지 상황을 선택할 때, 그 상황에서 가장 하고 싶은 선택을 상징할 수 있는 것을 떠올려 보십시오.
- 상징하는 것이 떠올랐습니까?
- 예. 그러면 그 상황에서 가장 하고 싶었던 상황선택을 상징하는 것을 자유롭게 만들어 보십시오.
- 신문지와 찰흙을 먼저 나누어드리겠습니다.
- 여러분들에게 나누어드린 찰흙을 만져 보고, 던져 보고, 주물러 보십시오.
- 어떤 느낌이십니까?

- 찰흙은 만질 때, 느낌과 기분이 모두 다르겠지요?
- 작업을 마치신 분들께서는 자신의 작품을 모두가 볼 수 있도록 중앙 한 곳에 놓아 주십시오.

[3] 정리

- 모두 작품을 만드셨으면 자유롭게 발표하겠습니다.
- 오늘은 이것으로 프로그램을 마치고, 오늘 여러분들이 경험한 소감들을 활동지에 기록해 주시기 바랍니다. 다 기록하신 분은 자유롭게 발표해주시기 바랍니다.
- 오늘 주제는 나를 찾아서입니다. 중점적인 요소는 상황선택입니다. 과거 일상생활의 어떤 상황에서 자신이 선택하는 것이 부정적이었든지, 아니면 긍정적이었든지 중요하지 않습니다. 오늘 프로그램을 통해서 현재, 여러분들이 하고 싶은 것이 무엇인지 선택하는 인식이 필요합니다. 아울러 일상생활에서 인지하는 상황선택이 여러분을 찾아가는 것입니다. 중요한 것은 상황선택을 할 경우에는 긍정적인 상황을 선택하는 것이 중요합니다. 여러분 일주일의 삶 속에서 진정한 자신을 찾아 선택하는 연습을 노력하시기를 기대하겠습니다.
- 그럼, 오늘도 모두 수고하셨습니다.
- 박수로 마치겠습니다.
- 감사합니다.

3회기: 나의 자아상

목표: 자신의 독특한 자아상과 타인의 자아상을 인식하도록 촉진한다.

[1] 도입

✔ 준비물: 클래식 음악자료, 야채, 곡식, 필기도구, A4용지, 신문지, 카메라, 간식

▸▸▸ 여러분 반갑습니다.

- 지금 기분이 어떻습니까? (질문)
- 잠시 음악을 듣겠습니다.
- 네. 어떻습니까? 여러분의 마음에 사랑하는 마음이 생기셨습니까?
- 예. 오늘 프로그램을 시작하기 전에 서약서를 읽겠습니다.
- 다 같이 오른손을 들으시고 읽어봅시다.
- 일, 집단활동에 적극적으로 참여하겠습니다.
- 이, 시간약속을 잘 지키겠습니다.
- 삼, 친구들에게 최대한 솔직해지려고 노력하겠습니다.
- 사, 집단 안에서 한 이야기는 절대 비밀로 지키겠습니다.
- 오, 정직하며, 스스로 생각하여 표현하고, 상대방의 의견을 존중하겠습니다.
- 육, 솔직하게 표현하며, 적극적인 자세로 상대방의 말을 주의 깊게 경청하겠습니다.
- 칠, 마음을 안정시키고 자연스럽게 활동하겠습니다.
- 팔, 지금! 여기에! 관심을 집중하겠습니다.
- 구, 상대방의 표현이 내 기분에 거슬리더라도 공격적인 반응 예를 들어, 화내기, 욕설하기, 시비 걸기, 빈정거리기, 집적거리기 등을 하지 않겠습니다.
- 십, 휴대전화를 켜지 않겠습니다.
- 나 ○○○는 위의 약속을 지켜 나갈 것을 다짐합니다.
- 예. 고맙습니다.
- 잠시 클래식 음악을 듣겠습니다.
- 여러분, 기분이 어떠십니까?

[2] 전개

- 오늘의 주제는 나의 자아상입니다.
- 여러분, 모두 잠시 눈을 감아 보십시오. 그리고 여러분이 누구인가를 자유롭게 상상하여 보십시오. 그리고 여러분이 만난 자신의 내면, 마음을 들여다보십시오.
- 여러분이 누구신지 만나 보셨습니까? 예. 그러시면 눈을 뜨시고 여러분이 만난 나의 자아상을 상징하는 것을 꾸며 보도록 하겠습니다.
- 여기 야채들과 곡식들을 나누어드리겠습니다.
- 자 여러분, 나누어드린 야채들을 만져 보십시오.
- 어떤 느낌이 나시나요?
- 다음은 곡식들도 한번 만져 보십시오.
- 어떤 느낌이 드시나요?
- 어떤 모양으로 생겼나요?
- 무슨 색깔인가요?
- 무게는 어느 정도인가요?
- 지금 기분은 어떠신가요?
- 야채와 곡식들도 저마다 각자 독특한 자아상이 있다는 것을 알게 됩니다.
- 자 그러면, 만져 보신 야채와 곡식을 가지고 내가 누구인지를 상징하는 것, 여러분의 자아상을 꾸며 주십시오.
- 다 만드신 분들은 작품에 대한 제목과 줄거리를 작성하여 주십시오.

[3] 정리

- 여러분들이 만든 작품을 자유롭게 발표하는 시간을 갖겠습니다.
- 모두 발표해 주셔서 고맙습니다.
- 우리들이 일상생활에서 만나는 사람들마다 각자의 독특한 자아상이 있습니다.
- 오늘 여러분의 준비물인 야채나 곡식들처럼 말이지요.
- 일주일 동안 여러분의 삶 속에서 저마다의 독특한 사람들을 만난다는 것을 기억하셨으면 좋겠습니다. 그리고 여러분도 독특한 자아상을 가지고 살아가는 소중한 존재임을

인식하셨으면 좋겠습니다.

- 오늘도 모두 수고하셨습니다.
- 박수로 이 시간을 마치겠습니다.
- 감사합니다.

4회기: 나의 자아 수정하기

목표: 부정적인 정서상황을 반추할 수 있는 정서적 충격을 수정하도록 촉진한다.

[1] 도입

✔ 준비물: 클래식 음악자료, 색종이, 색지, 풀, 가위, A4용지, 필기도구, 카메라, 간식

►►► 여러분 반갑습니다.

- 오늘 하루 기분이 어떠셨습니까? (질문)
- 잠시 저를 따라 해 보십시오.
- 하하…… 호호……
- 예, 제가 '하하'하면, 여러분은 '호호'라고 하는 것입니다.
- 제가 '하하하' 세 번 하면, 반대로 여러분은 '호호호'라고 하는 것입니다.
- 이 방법을 박수치면서 해 봅시다.
- 기분이 어떠십니까?
- 예. 웃음으로 박수를 치니까, 여러분의 마음이 행복하십니까?
- 예. 그러면 다 같이 시작하기 전에 서약서를 읽겠습니다.
- 다 같이 오른손을 들고 읽어 봅시다.
- 일, 집단활동에 적극적으로 참여하겠습니다.
- 이, 시간약속을 잘 지키겠습니다.
- 삼, 친구들에게 최대한 솔직해지려고 노력하겠습니다.
- 사, 집단 안에서 한 이야기는 절대 비밀로 지키겠습니다.
- 오, 정직하며, 스스로 생각하여 표현하고, 상대방의 의견을 존중하겠습니다.
- 육, 솔직하게 표현하며, 적극적인 자세로 상대방의 말을 주의 깊게 경청하겠습니다.
- 칠, 마음을 안정시키고 자연스럽게 활동하겠습니다.
- 팔, 지금! 여기에! 관심을 집중하겠습니다.
- 구, 상대방의 표현이 내 기분에 거슬리더라도 공격적인 반응 예를 들어, 화내기, 욕설하기, 시비 걸기, 빈정거리기, 집적거리기 등을 하지 않겠습니다.

- 십, 휴대전화를 켜지 않겠습니다.
- 나 ○○○는 위의 약속을 지켜 나갈 것을 다짐합니다.
- 예. 고맙습니다.
- 여러분에게 잠시 클래식 음악을 들려드리겠습니다.

[2] 전개

- 일상생활에서 어떤 상황을 재빨리 수정해 본 경험이 있으신가요?
- 오늘의 주제는 나의 자아 수정하기입니다.
- 여러분들의 일상생활에서 화가 나거나 분노가 치밀어 오를 때, 여러분의 신체에 어떤 반응들이 나타나지요?
- 예. 아마 분노가 치밀거나 화가 났을 때, 여러분의 신체에는 다양한 반응들이 나타나겠지요?
- 여러분의 모습은 어떻게 변했나요?
- 여러분의 마음에 생각을 어떻게 수정해 보셨나요?
- 여러분들의 부정적인 정서경험에서 나타나는 신체적인 반응은 대부분 좋지 않은 현상일 겁니다.
- 그러면 이러한 상황에서 분노를 그냥 지속시킬 수는 없지요. 이런 분노상황을 수정하는 것이 필요합니다.
- 즉, 상황수정입니다.
- 상황수정이란, 어떤 정서적 충격을 바꾸기 위하여 그 상황을 수정하려는 직접적인 노력입니다. 아울러 잠재적인 정서조절입니다.
- 상황수정의 예를 들면, 내가 좋아하는 TV프로그램을 시청하다가 정전이 되었거나 고장이 났을 경우입니다. 여러분은 이러한 상황에서 어떻게 수정을 하시겠습니까?
- 만약에 이런 상황일 경우, TV를 보는 대신에 가족들과 함께 게임을 할 수도 있겠지요? 어떤 사람과 싸웠거나 기분이 나빴을 때, 화가 나서 짜증을 내거나 소리를 지르거나 하겠지요. 하지만 이러한 상황이 계속된다면, 상대방이 누가 되었든지간에 자신과 타인의 관계에 악영향을 미칠 수가 있습니다. 따라서 이러한 분노상황에서는 분노의

원인이 어디에서부터 시발점이 되었는지를 명확하게 자신이 수정하는 것이 중요합니다. 이러한 수정은 자신 스스로가 인지적인 자각을 통해서 상황을 수정하는 노력이 필요합니다. 즉, 상황수정은 정서조절입니다.

- 이 시간에는 여러분들에게 전지와 색종이 그리고 색지를 나누어드리겠습니다.
- 분노상황에서 나의 신체에서는 여러 가지 증상들이 나타납니다. 찡그리기, 짜증내기, 화내기, 주먹 불끈 쥐기, 물건 던지기 등입니다. 나는 이러한 감정들을 억제하기도 하고 표현하기도 합니다. 하지만, 이러한 조절들은 나의 자아를 더 아프게 망가뜨리기도 합니다. 따라서 이러한 상황에서는 긍정적으로 수정하는 섯이 필요합니다. 나의 신체 부분들 중에 어떤 부분들을 어떻게 수정하는 것이 필요한지 색지와 색종이를 이용하여 신체부분들을 꾸며 주세요.
- 모두, 작품을 꾸며 주신 분들은 제목과 줄거리를 작성하신 후에 벽면에 부착하여 주시기 바랍니다.

[3] 정리하기

- 여러분들이 만든 작품들을 자유롭게 발표하여 주시기 바랍니다.
- 오늘은 여러분들이 분노상황에서 긍정적으로 상황을 수정할 수 있는 신체부분들을 구체적으로 꾸미는 활동을 하셨습니다.
- 일상생활에서 분노는 우리들의 신체에 부정적인 영향을 미칩니다.
- 따라서 분노의 원인이 무엇인지 스스로 여러분의 자아를 반추하여 그 상황을 명확하게 변화시키는 긍정적인 상황수정이 건강한 자아를 만들게 됩니다.
- 오늘도 여러분 많이 수고하셨습니다.
- 박수로 이 시간을 모두 마치겠습니다.
- 감사합니다.

5회기: 수정된 자아고정하기

목표: 분노상황의 주의 산만에서 상황을 배치하고, 주의초점을 전환하도록 촉진한다.

[1] 도입

✔ 준비물: 클래식 음악자료, 꽃바구니, 꽃바구니를 꾸밀 수 있는 다양한 소재들, 필기도구, A4용지, 카메라, 간식

▸▸▸ 여러분 반갑습니다.

- 지금 기분이 어떻습니까? (질문)
- 예. 그러면 다 같이 서약서를 읽겠습니다.
- 다 같이 읽어 봅시다.
- 일, 집단활동에 적극적으로 참여하겠습니다.
- 이, 시간약속을 잘 지키겠습니다.
- 삼, 친구들에게 최대한 솔직해지려고 노력하겠습니다.
- 사, 집단 안에서 한 이야기는 절대 비밀로 지키겠습니다.
- 오, 정직하며, 스스로 생각하여 표현하고, 상대방의 의견을 존중하겠습니다.
- 육, 솔직하게 표현하며, 적극적인 자세로 상대방의 말을 주의 깊게 경청하겠습니다.
- 칠, 마음을 안정시키고 자연스럽게 활동하겠습니다.
- 팔, 지금! 여기에! 관심을 집중하겠습니다.
- 구, 상대방의 표현이 내 기분에 거슬리더라도 공격적인 반응 예를 들어, 화내기, 욕설하기, 시비 걸기, 빈정거리기, 집적거리기 등을 하지 않겠습니다.
- 십, 휴대전화를 켜지 않겠습니다.
- 나 ○○○는 위의 약속을 지켜 나갈 것을 다짐합니다.
- 잠시 클래식 음악을 들려드리겠습니다.

[2] 전개

- 지난주에는 여러분들이 일상생활에서 분노가 나타날 때, 신체반응들을 긍정적으로 자아를 수정하는 신체를 꾸며 보는 시간을 가졌습니다.
- 오늘 주제는 수정된 자아고정하기입니다.
- 여러분은 어떤 상황에서 주의가 산만하게 되었나요?
- 주의가 산만할 때, 어느 곳에 시선을 집중하게 되었나요?
- 주의가 산만할 때, 주의를 어떻게 배치하고 싶었나요?
- 여러분이 주의를 배치한 결과, 어떤 결과가 나왔나요?
- 여러분은 분노가 발생할 때, 주의가 산만할 때가 어떤 상황이었습니까?
- 일상생활에서 분노가 발생할 때는 주의배치가 필요합니다.
- 주의배치는 개인, 즉 우리들의 주어진 상황에서 각자의 정서에 영향을 주기 위해서 어떻게 주의를 기울이는가를 의미하는 것입니다. 예를 들면, 주의가 산만할 때 주의를 전환시키는 것, 시선을 바꾸고 집중하는 것 등입니다. 따라서 주의배치는 상황을 수정하고, 변화시키는 것이 불가능할 때 사용하는 것입니다. 예를 들면, 화가 나면 물, 불을 가리지 않는다고 하지요. 하지만 이러한 상황에서는 아름다운 자연 환경을 통해서 정서초점을 바꿀 수가 있습니다. 산책을 통해서, 꽃을 통해서 말이지요.
- 오늘 여러분들이 하실 작업은 부정적인 생각들을 긍정적인 생각으로 변화시킨 상황에 초점을 두고 꽃바구니에 장식을 하는 것입니다. 지난주에 여러분의 자아를 수정했지만 언제 또, 분노 같은 정서상황을 부정적으로 조절할지 모릅니다. 따라서 오늘은 지난주에 여러분이 수정한 자아를 흩트리지 않고 그 자아를 꽃바구니에 고정시키는 작업을 하는 것입니다.
- 부정적인 생각들을 긍정적으로 생각하며 바꾸는 주의배치가 필요합니다. 나의 부정적인 상황에서는 주의가 산만하게 됩니다. 이러한 주의 산만한 상황을 긍정적으로 주의를 배치하여 초점을 바꾸는 것은 연습이 중요합니다. 꽃바구니에 부정적인 생각들을 긍정적으로 주의배치할 수 있도록 나의 초점을 재료들로써 장식하여 주세요.
- 꽃바구니를 장식하신 분들은 테이블 중앙에 놓으십시오. 그리고 자신의 작품의 제목과 줄거리를 적어 주십시오.

[3] 정리

- 여러분의 작품을 자유롭게 발표하여 주십시오.
- 정리하는 시간입니다.
- 일상생활에서 분노상황을 전환할 수 있는 환경이 필요합니다. 주의를 배치함으로써 부정적인 정서를 긍정적으로 전환시킬 수 있는 능동적인 노력이 필요합니다.
- 일주일 동안 여러분의 일상생활에서 긍정적이고 능동적인 주의배치를 할 수 있는 자아의 환경을 고정시키기 바랍니다.
- 오늘 모두 수고하셨습니다.
- 감사합니다.

6회기: 용서로 눈을 뜨기

목표: 부정적인 정서를 재해석·재평가하도록 촉진한다.

[1] 도입

✔ 준비물: 클래식 음악자료, 4절지 도화지, 크레파스, 필기도구, 카메라, 간식

►►► 여러분 반갑습니다.

- 지금 기분이 어떠신가요? (질문)
- 예. 고맙습니다.
- 시작하기 전에 우리 다 같이 서약서를 읽겠습니다.
- 다 같이 읽어 봅시다.
- 일, 집단활동에 적극적으로 참여하겠습니다.
- 이, 시간약속을 잘 지키겠습니다.
- 삼, 친구들에게 최대한 솔직해지려고 노력하겠습니다.
- 사, 집단 안에서 한 이야기는 절대 비밀로 지키겠습니다.
- 오, 정직하며, 스스로 생각하여 표현하고, 상대의 의견을 존중하겠습니다.
- 육, 솔직하게 표현하며, 적극적인 자세로 상대방의 말을 주의 깊게 경청하겠습니다.
- 칠, 마음을 안정시키고 자연스럽게 활동하겠습니다.
- 팔, 지금! 여기에! 관심을 집중하겠습니다.
- 구, 상대방의 표현이 내 기분에 거슬리더라도 공격적인 반응 예를 들어, 화내기, 욕설하기, 시비 걸기, 빈정거리기, 집적거리기 등을 하지 않겠습니다.
- 십, 휴대전화를 켜지 않겠습니다.
- 나 ○○○는 위의 약속을 지켜 나갈 것을 다짐합니다.
- 예. 고맙습니다.
- 예. 오늘은 '나도 그렇게 했으니까요'를 읽어드리겠습니다.
- 여러분들에게 잠시 클래식 음악을 들려드리겠습니다.

[2] 전개

- 지난주에는 수정된 자아고정하기를 통해 꽃바구니에 자신의 자아를 고정하는 작업을 하였습니다.
- 오늘은 용서에 눈을 뜨기입니다.
- 여러분은 용서를 무엇이라고 생각하십니까?
- 용서와 관련된 부정적인 정서들은 무엇일까요?
- 용서와 관련된 긍정적인 정서들은 무엇일까요?
- 이야기를 나누어 봅시다.
- 대부분의 사람들은 용서를 자신의 입장에서 이야기합니다.
- 용서에 대해서 Enright 같은 학자는 용서는 상대에 대한 부정적 정서(분노, 미움, 증오, 원한, 슬픔 등), 판단(비난, 비판 등), 행동(복수, 처벌 등)이 사라지고 긍정적 정서(부정적 감정의 소멸, 동정심, 사랑 등), 판단(비판단적, 상대가 잘 되기를 바람 등), 행동(도움을 주고자 함, 화해하고자 함 등)이 나타나는 반응이라고 했습니다. 결국 용서는 분노상황에 있는 자신과 분노의 발생 원인을 제공한 상대방을 긍정적인 정서조절로 대처하는 긍정적이고 능동적인 행위로서 자신과 타인에 대한 관계형성의 회복입니다.
- 용서에 대한 정의는 사람들마다 일상생활에서 대처하는 경험에 따라 다르게 말합니다.
- 여러분에게 도화지와 크레파스를 나누어드리겠습니다.
- 도화지에 여러분이 좋아하는 사람과 싫어하는 사람을 그려 주십시오.
- 모두 완성하신 분들은 주제를 정하고, 줄거리를 작성하여 주십시오.

[3] 정리하기

- 작품에 대하여 자유롭게 설명하여 주십시오.
- 우리들이 살아가는 이 세상에 어떻게 모두 좋아하는 사람만 있겠습니까? 때로는 싫어하는 사람과 전혀 교제하고 싶지 않은 사람들도 있습니다.
- 그런 경험은 우리 모두에게 있습니다.
- 하지만 우리는 이들을 생각하면서 '용서'라는 단어에 눈을 떠야 합니다. 그리고 용서의

단어를 기억하시면 좋겠습니다.

- 용서는 자신의 정서와 신체건강과 밀접한 영향이 있습니다.
- 오늘도 모두 수고하셨습니다.
- 박수로 모두 마치겠습니다.
- 감사합니다.

7회기: 용서로 시작하기

목표: 용서를 시작하고 실천하도록 촉진한다.

[1] 도입

✔ 준비물: 클래식 음악자료, 투명실, 목걸이 재료, 카메라, 간식

▸▸▸ 여러분 반갑습니다.

- 지금 기분이 어떠십니까? (질문)
- 예. 오늘도 서약서를 한번 읽겠습니다.
- 다 같이 오른손을 들고 읽어 봅시다.
- 일, 집단활동에 적극적으로 참여하겠습니다.
- 이, 시간약속을 잘 지키겠습니다.
- 삼, 친구들에게 최대한 솔직해지려고 노력하겠습니다.
- 사, 집단 안에서 한 이야기는 절대 비밀로 지키겠습니다.
- 오, 정직하며, 스스로 생각하여 표현하고, 상대방의 의견을 존중하겠습니다.
- 육, 솔직하게 표현하며, 적극적인 자세로 상대방의 말을 주의 깊게 경청하겠습니다.
- 칠, 마음을 안정시키고 자연스럽게 활동하겠습니다.
- 팔, 지금! 여기에! 관심을 집중하겠습니다.
- 구, 상대방의 표현이 내 기분에 거슬리더라도 공격적인 반응 예를 들어, 화내기, 욕설하기, 시비 걸기, 빈정거리기, 집적거리기 등을 하지 않겠습니다.
- 십, 휴대전화를 켜지 않겠습니다.
- 나 ○○○는 위의 약속을 지켜 나갈 것을 다짐합니다.
- 예. 고맙습니다.
- 잠시 클래식 음악을 들려드리겠습니다.

[2] 전개

- 지난주에는 용서에 눈을 뜨기를 하였습니다.
- 오늘의 주제는 용서로 시작하기입니다.
- 지난 일주일 동안 용서라는 단어를 생각해 보셨나요?
- 용서를 실천해 보신 경험이 있으신가요?
- 용서를 실천해 보셨을 때, 여러분의 신체에 어떤 반응이 있었나요?
- 여러분! 인지변화라는 단어를 알고 계시나요?
- 인지변화는 무엇이라고 생각하시나요?
- 인지변화는 그 어떤 상황 혹은 그것을 통제하는 능력에 대해 생각하는 것을 변화시키는 것입니다. 또한 어떤 상황에 대한 정서적 중요성을 변화시키는 방법으로 정서에 대한 평가를 재해석하는 것입니다. 다시 설명하면, 우리들의 일상생활의 정서반응에 변화가 생기는 방법으로 상황에 대한 의미를 바꾸는 것입니다. 또한 내적인 정서를 변화시키고 부정적인 정서를 감소시키는 것입니다. 인지변화는 부모가 자녀들을 양육하는 과정에서도 자녀들의 정서반응에 도움을 준다고 합니다.
- 또한, 인지변화는 우리들의 뇌 구조와 관련이 있습니다. 신경내분비적 반응을 자극하기도 하며, 정서의 반응과도 관련이 있습니다.
- 예를 들면, 분노상황에서 우리들이 스스로 재해석하는 것은 어려울 수 있습니다. 하지만 분노의 영향에서 우리들이 처한 상황을 재해석하여, 재평가함으로써 우리들의 삶에 새로운 변화를 우리들 스스로 인식할 수 있습니다.
- 여러분들이 용서를 실천하면 여러분들의 신체와 정서에 어떤 변화가 생길까요?
- 여러분들이 용서의 목걸이를 걸고 다닐 경우, 자신과 타인에게 어떤 변화들이 생길까요?
- 여러분들에게 목걸이를 만들 재료를 나누어드리겠습니다.
- 오늘은 용서의 목걸이를 만들어 보겠습니다.
- 용서의 목걸이를 다 만드신 분은 모두 중앙에 진열하여 주십시오. 그리고 주제와 줄거리를 작성하여 주십시오.

[3] 정리

- 모두 작성하셨으면, 자유롭게 작품에 대하여 설명하여 주십시오.
- 예. 모두 소중한 용서의 목걸이를 만드셨습니다. 그러면 이 용서의 목걸이를 자신의 목에 스스로 걸으십시오.
- 여러분 자신이 만든 용서의 목걸이를 직접 착용해 보시니까 어떠신가요?
- 용서는 결국 여러분 자신을 사랑하고, 여러분뿐만 아니라 타인에게 공감하는 마음을 지닐 수 있게 됩니다.
- 용서는 수동적이 아닌 능동적인 행위로서, 정서조절입니다. 가만히 있으면 용서는 되지 않습니다. 능동적인 연습과 노력이 필요합니다.
- 일주일의 삶 속에서 용서의 목걸이를 통한 용서를 시작하는 인지의 변화가 있기를 기대합니다.
- 모두 수고하셨습니다.
- 박수 치며 마치겠습니다.
- 감사합니다.

8회기: 새로운 용서의 삶

목표: 용서는 부정적인 정서를 조절할 수 있으며, 인지적·정서적·행동적으로 긍정적인 정서반응을 변화시킨다는 것을 촉진한다.

[1] 도입

✔ 준비물: 클래식 음악자료, 설문지 및 평가지, 필기도구, 시상식상품, 각자가 준비한 선물, 편지지, 카메라, 간식

▸▸▸ 여러분 반갑습니다.

- 지금 기분은 어떠십니까?
- 행복하십니까?
- 오늘은 이번 프로그램을 종결하는 시간입니다.
- 우리 다 같이 '친구여 안녕'을 부릅시다.
- 친구야 안녕. 너를 사랑해. 친구야 안녕. 너를 사랑해. 사랑해. 사랑해. 사랑해. 사랑해. 나는 너를 사랑해.
- 예. 오늘은 마지막으로 다 같이 서약서를 읽겠습니다.
- 다 같이 오른손을 들고 읽어 봅시다.
- 일, 집단활동에 적극적으로 참여하겠습니다.
- 이, 시간약속을 잘 지키겠습니다.
- 삼, 친구들에게 최대한 솔직해지려고 노력하겠습니다.
- 사, 집단 안에서 한 이야기는 절대 비밀로 지키겠습니다.
- 오, 정직하며, 스스로 생각하여 표현하고, 상대방의 의견을 존중하겠습니다.
- 육, 솔직하게 표현하며, 적극적인 자세로 상대방의 말을 주의 깊게 경청하겠습니다.
- 칠, 마음을 안정시키고 자연스럽게 활동하겠습니다.
- 팔, 지금! 여기에! 관심을 집중하겠습니다.
- 구, 상대방의 표현이 내 기분에 거슬리더라도 공격적인 반응 예를 들어, 화내기, 욕설하기, 시비 걸기, 빈정거리기, 집적거리기 등을 하지 않겠습니다.

- 십, 휴대전화를 켜지 않겠습니다.
- 나 ○○○는 위의 약속을 지켜 나갈 것을 다짐합니다.
- 예. 고맙습니다.

용서의 삶은 의자에 가만히 앉아 있지 않습니다. 수동자세가 아닙니다. 움직이는 것입니다. 능동적인 것입니다. 연습하는 것입니다 노력하는 것입니다. 용서의 삶은 긍정적인 정서조절입니다. 용서는 나, 우리, 가족 그리고 이웃을 사랑하는 정서조절입니다.

[2] 전개

- 지난주는 용서로 시작하기를 하였습니다.
- 용서의 목걸이를 걸고 다니시면서, 여러분들의 삶에 어떤 변화가 있으셨습니까?
- 용서를 위하여 어떤 노력과 연습을 해 보셨습니까?
- 오늘은 마지막 종결의 시간으로 새로운 용서의 삶이 주제입니다.
- 새로운 용서의 삶은 여러분의 생활에 여러분의 정서반응을 변화시키는 것입니다.
- 다시 말하면, 반응조절입니다.
- 여러분 반응조절을 어떤 의미라고 생각하십니까?
- 반응조절은 여러분들이 어떤 상황에서 상대방에게 기분 나쁜 소리를 들은 경우, 그 상황에 대한 반응입니다. 반응조절은 정서표현 행동을 조절하는 것과 관련이 있습니다.
- 여러분들이 어떤 상황에서 느낀 감정을 상대방에게 표현하는 것입니다. 자신의 정서를 조절하는 능력도 될 수 있습니다.
- 우리 주위의 어떤 상황에서 느낀 감정을 특히, 부정적인 정서에서 다양하게 반응할 수 있습니다. 예를 들면, 운동, 휴식 또는 술과 담배 그리고 약물들을 이용할 수

있습니다. 즉, 반응조절은 여러분들의 정서반응을 변화시키는 것입니다.
- 오늘은 새로운 용서의 삶을 살기 위한 여러분 자신에게 주는 선물을 만들고, 나아가 그 선물을 받는 자신에게 쓰는 편지를 작성합니다.
- 모두 자신에게 주는 선물을 만드셨나요?
- 그러면 그 선물을 여러분 앞에 편지와 함께 놓아 주십시오.

[3] 정리하기

- 자유롭게 여러분들이 자신의 선물을 소개해 주시고, 함께 편지를 읽어 주십시오.
- 8주 동안 한 번도 빠지지 않고 참석해 주신 여러분들에게 시상식을 하겠습니다.
- 우리 모두에게 칭찬과 격려를 주십시오.
- 설문지와 평가문을 작성하여 주십시오.
- 8주 동안 참으로 수고 많으셨습니다.
- 정서조절 프로그램이 여러분에게 도움이 되셨습니까?
- 정서조절은 정신건강에도 영향을 끼친다는 것을 기억하시면 좋겠습니다.
- 정서조절은 용서입니다. 용서는 수동적이 아니라 긍정적이고 능동적인 연습과 노력이 필요합니다.
- 여러분들이 어떤 문제상황에서 정서표현을 적절하게 조절함으로써 건강한 정신과 몸을 가지고 미래의 꿈을 새롭게 실천해 가도록 축복합니다.
- 여러분 자신과 우리 모두에게 용서의 박수를 보냅시다.
- 용서는 긍정적이고 능동적인 정서조절입니다.
- 여러분 행복한 삶이 되시기를 축복합니다.

6. 정서조절을 위한 상담 프로그램의 실제

✔ 사람들은 일상생활에서 다양한 정서들을 경험합니다. 다양한 정서경험에는 긍정적인 것도 있고, 부정적인 것도 있습니다. 특히, 우리들이 가족이나 친구 등과 싸우게 되면, 오해가 될 수도 있지만, 엄청나게 화가 날 수도 있고, 그 화는 분노가 되어서 큰 싸움으로 번지거나 서로의 관계가 단절될 수도 있습니다.

✔ 우리들이 우울하고 화가 나고, 분노가 일어나고, 공격하고 싶을 때, 언제 어떻게 마음을 조절했나요? 어떻게 정서를 조절했나요? 내 마음을 아프게 한 친구나 가족들을 계속 멀리하고 부정적인 감정을 가지고 있다면 나의 마음은 행복할까요?

✔ 즉, 이번 프로그램의 목적은 정서조절을 통하여 부정적인 생각을 긍정적으로 바꾸고, 능동적인 사고로 행동을 조절할 수 있는 연습과 노력을 촉진하는 데 있습니다.

1회기: 나를 소개하기

서 약 서

나는 정서조절 프로그램에 참여함에 있어서 다음 사항을 성실하게 지킬 것을 굳게 약속합니다.

1. 집단 활동에 적극적으로 참여하겠습니다.
2. 시간 약속을 잘 지키겠습니다.
3. 친구들에게 최대한 솔직해지려고 노력하겠습니다.
4. 집단 안에서 한 이야기는 절대 비밀로 지키겠습니다.
5. 정직하며, 스스로 생각하여 표현하고, 상대방의 의견을 존중하겠습니다.
6. 솔직하게 표현하며, 적극적인 자세로 상대방의 말을 주의 깊게 경청하겠습니다.
7. 마음을 안정시키고 자연스럽게 활동하겠습니다.
8. 지금, 여기에! 관심을 집중하겠습니다.
9. 상대방의 표현이 내 기분에 거슬리더라도 공격적인 반응(화내기, 욕설하기, 시비 걸기, 빈정거리기, 집적거리기 등)을 하지 않겠습니다.
10. 휴대전화를 켜지 않겠습니다.

나 __________는 위의 약속을 지켜 나갈 것을 다짐합니다.

0000년 0월 0일

별칭 __________ 이름 __________ (서명)

▸▸▸ 별칭 짓기

나의 별칭으로 꽃이나 나무 중에서 자신이 좋아하고 불리고 싶은 이름을 선택해 주세요.

별칭은 프로그램 진행 동안 불리게 됩니다.

▶▶▶ 나는 누구인지 소개해 주세요.

나의 실제 이름은?

나의 별칭으로 정한 이유는?

이 프로그램을 통해서 이루고 싶은 목표는?

▶▶▶ 정서(emotion)란 무엇인지 이야기를 나누어 볼까요?

►►► 정서는 기분(mood), 감정(affect), 느낌(feeling)과 비슷하게 사용되기도 합니다.

▸▸▸ 정서(emotion)와 비슷하게 사용되는 기분(mood), 감정(affect), 느낌(feeling)의 차이점을 알아봅시다.

정서(emotion)	기분(mood)
• 변화 무쌍한 정서적 날씨, 즉 지속시간이 짧다. • 특정한 대상이 있다. • 특정대상과 관련된 행동반응경향성을 발생시킨다.	• 확산적이고 지속적이다. 정서적 기후, 즉 지속시간이 길다. • 대상이 특정적이지 않다 • 접근, 회피 행동 반응성을 발생시키지만 행동보다는 인지를 더욱 편향시킨다.
정서(emotion)	**감정(affect)**
• 감정을 포함한 상태와 과정이다. • 정서와 기분을 위계적 관점으로 개별 정서, 즉 쾌-불쾌 차원의 기분이다.	• 분노, 슬픔 같은 정서, 우울이나 도취 같은 기분, 좋음, 싫음과 같은 성향적인 상태이다. • 활기참과 급한 성미와 같은 특징을 포함하는 쾌-불쾌 차원의 기분이다
정서(emotion)	**느낌(feeling)**
• 상황이나 대상의 전체적인 것 때문에 발생하며 특정 행동을 유발시킨다.	• 상황이나 대상의 특정 측면 때문에 발생하는 것으로 막연한 감정이다.

▸▸▸ 정서조절(emotion regulation)이란 무엇인지 이야기를 나누어 봅시다.

▸▸▸ 정서조절(emotion regulation)이란?

어떤 정서를,

언제,

어떻게 경험하고,

표현할 것인가에 개인이 영향을 미치는 과정이다.

첫째, 정서를 조절하는 것과 정서에 의해서 조절되는 것,

둘째, 자신의 정서를 조절하는 것과 타인의 정서를 조절하는 것,

셋째, 의식적인 정서조절과 무의식적인 정서조절 과정이라고 말할 수 있다.

정서에는 기분(mood), 감정(affect), 느낌(feeling)도 포함된다.

▸▸▸ 나는 일상생활에서 정서조절을 어떻게 하고 있나요? 이야기나 그림으로 표현해 볼까요?

►►► 정서조절의 다양한 방략에는 인지적·행동적·정서적 방략들이 있습니다.

- 인지적 방략은 자신의 생각 과정을 변화시키는 방법을 배워서 정서를 변화시키기입니다.

  예를 들면,

  -긍정적인 생각하기 -능동적 생각하기

  -긍정적 재평가 -인지적 수용하기 등

- 행동적 방략은 긍정적 정서를 유발시키는 행동을 배워서 정서를 변화시키기입니다.

  예를 들면,

  -음악 듣기 -영화 보기

  -운동하기 -산책하기

  -요리하기 -조언 구하기 등

- 정서적 방략은 자신이 어떤 정서를 경험하고 있는지를 알아차리고 그 정서를 표현해 봄으로써 정서변화시키기입니다.

  예를 들면,

  -공감 얻기 -느낌 표현하기

  -즐거운 것 상상하기 -느낌 적기

  -정서 느끼기 -행복한 기억 떠올리기 등

►►► 나는 어떤 분노상황에 처했을 때, 어떤 정서조절 방략을 선택했나요?

1회기 경험보고서

별칭: ____________________

2회기: 나를 찾아서

▸▸▸ 분노란? 무엇인지 이야기를 나누어 볼까요?

►►► 분노란? 다른 사람에게 해를 입히려는 욕망 혹은 그 사람을 몰아내려는 충동과 관련된 정서를 말합니다.

▶▶▶ 어떤 상황에서 분노가 발생했을 때, 어떤 상황을 선택해 보신 적이 있나요?

▶▶▶ 상황선택이란?

상황선택은 우리들의 일상생활에서 어떤 상황을 선택하는 것입니다.
상황선택은 사람들이 노출되어 있는 특정 상황에서 어떤 정서적인 영향을 받기 때문에 어떤 정서의 틀을 만들게 되고, 어떠한 상황에서 더 쉽게 취할 수 있는 행동과 연관되어 있습니다. 예를 들면, 어떤 약속을 지켜야 하고, 어디로 가서 점심도 먹어야 하고, 누구와 시간을 보내기도 하고, 퇴근도 하고, 즉 어떤 일을 할 것인지에 대해 수많은 결정을 내리는 것을 의미하기도 합니다.
친구와 싸웠을 때 그 친구를 피하기, 기분이 나쁘거나 운이 없을 때는 개그 프로그램이나 웃기는 영화 보기, 실컷 울 수 있는 친구 등을 찾는 것입니다.
우리들의 일상생활에서 예를 들면, 부정적인 정서상황에서 기본적인 정서의 틀을 바꿀 수 있도록 취하는 것입니다. 하지만 부정적인 상황에서는 이 상황을 인식하기가 어렵습니다. 특히, 분노가 치밀어 올랐을 때의 상황은 더욱 그렇습니다. 그렇기 때문에 부정적인 상황에서 긍정적인 정서로 바꿀 수 있는 능동적인 행동인 상황을 선택하는 노력이 어렵습니다.

▸▸▸ 분노가 일어났을 때, 어떤 장소였나요? 이야기, 글 또는 그림으로 표현해 주세요.

▸▸▸ 어떤 상황 때문에 분노가 나타났나요? 이야기, 글 또는 그림으로 표현해 주세요.

▶▶▶ 분노상황이 되었을 때에 기분이 어땠나요? 이야기, 글 또는 그림으로 표현해 주세요.

▸▸▸ 분노의 상황에서 예를 들면, 부정적 또는 긍정적 어떤 쪽으로 상황을 선택하였나요? 이야기, 글 또는 그림으로 표현해 주세요.

▸▸▸ 분노의 상황에서는 누구나 어느 상황을 선택하게 됩니다. 분노경험을 했던 그 순간을 잠시 생각해 보면서, 그 한 가지 상황을 선택할 때 상징하는 것을 자유롭게 만들어 보고 이야기를 나누어 봅시다.

2회기 경험보고서

별칭: ____________________

3회기: 나의 자아상

▶▶▶ 나는 누구일까?

▸▸▸ 나의 마음을 들여다보세요?

▸▸▸ 야채와 곡식을 만지면서 이야기를 나누어 봅시다.

모양은 어떻게 생겼나요?	
무슨 색깔인가요?	
무게는 어떻게 되나요?	
어떤 기분이 드나요?	

▸▸▸ 야채와 곡식으로 나의 자아상을 상징하는 것을 만들어 보세요.

3회기 경험보고서

별칭: ________________

4회기: 나의 자아 수정하기

▶▶▶ 일상생활에서 어떤 상황을 재빨리 수정해 본 경험이 있었는지 이야기를 나누어 봅시다.

▸▸▸ 상황수정이란?

상황수정이란,
어떤 정서적 충격을 바꾸기 위하여 그 상황을 수정하려는 직접적인 노력입니다.
아울러 잠재적인 정서조절입니다.
상황수정의 예를 들면, 내가 좋아하는 TV프로그램을 시청하다가 정전이 되었거나 고장이 났을 경우입니다. 여러분은 이러한 상황에서 어떻게 수정을 하시겠습니까? 만약에 이런 상황일 경우에는 TV를 보는 대신에 가족들과 함께 게임을 할 수도 있겠지요? 어떤 사람과 싸웠거나 기분이 나빴을 때, 화가 나서 짜증을 내거나 소리를 지르거나 하겠지요. 하지만 이러한 상황이 계속된다면, 상대방이 누가 되었든지간에 자신과 타인의 관계는 악영향을 미칠 수가 있습니다. 따라서 이러한 분노상황에서는 분노의 원인이 어디에서부터 시발점이 되었는지를 명확하게 자신을 수정하는 것이 중요합니다. 이러한 수정은 자신 스스로가 인지적인 자각을 통해서 상황을 수정하는 노력이 필요하답니다. 즉, 상황수정은 정서조절입니다.

▸▸▸ 분노가 치밀거나 화가 났을 때, 어떤 상황이었는지 이야기를 나누어 봅시다.

▸▸▸ 분노상황에서 나의 신체에는 어떤 반응이 나타났나요?

▸▸▸ 분노상황에서 나의 모습은 어떻게 변했나요?

▸▸▸ 분노상황에서 어떤 생각을 하게 되었나요?

▸▸▸ 분노상황을 어떻게 수정하였나요?

▶▶▶ 분노상황에서 나의 신체에서는 여러 가지 증상들이 나타납니다. 찡그리기, 짜증 내기, 화내기, 주먹 불끈 쥐기, 물건 던지기 등입니다. 이러한 감정들을 억제하기도 하고 표현하기도 합니다. 하지만 이러한 조절들은 자아를 더 아프게 망가뜨리기도 합니다. 따라서 이러한 상황에서는 긍정적으로 수정하는 것이 필요합니다. 나의 신체 부분들 중에 어떤 부분들을 어떻게 수정하는 것이 필요한지 색지와 색종이를 이용하여 신체부분들을 꾸며 주세요.

4회기 경험보고서

별칭: ____________________

5회기: 수정된 자아고정하기

▶▶▶ 나는 어떤 상황에서 주의가 산만하게 되었나요? 이야기를 나누어 봅시다.

▶▶▶ 나는 주의가 산만할 때, 어떤 것에 시선을 집중하였는지 이야기를 나누어 봅시다.

▸▸▸ 나는 주의가 산만할 때, 그 상황을 어떻게 주의배치하고 싶었는지 이야기를 나누어 봅시다.

▶▶▶ 주의가 산만할 때, 주의배치를 하고, 어떤 상황의 결과가 되었나요? 이야기를 나누어 봅시다.

▶▶▶ 주의가 산만할 때는 주의배치가 필요합니다. 주의배치란?

개인, 즉 우리들에게 주어진 상황에서 각자의 정서에 영향을 주기 위해서 어떻게 주의를 기울이는가를 의미하는 것입니다. 예를 들면, 주의가 산만할 때 주의를 전환시키는 것, 시선을 바꾸고 집중하는 것 등입니다. 따라서 주의배치는 상황을 수정하고, 변화시키는 것이 불가능할 때 사용하는 것입니다. 예를 들면, 화가 나면 물, 불을 가리지 않는다고 하지요. 하지만 이러한 상황에서는 아름다운 자연 환경을 통해서 정서초점을 바꿀 수가 있습니다. 산책을 통해서, 꽃을 통해서 말이지요.

▸▸▸ 부정적인 생각들을 긍정적으로 생각하며 바꾸는 주의배치가 필요합니다. 부정적인 상황에서는 주의가 산만하게 됩니다. 이러한 주의 산만한 상황을 긍정적으로 주의를 배치하여 초점을 바꾸는 것은 연습이 중요합니다. 꽃바구니에 부정적인 생각들을 긍정적으로 주의배치할 수 있도록 나의 초점을 재료들을 가지고 장식하여 주세요.

5회기 경험보고서

별칭: ____________________

6회기: 용서에 눈을 뜨기

▸▸▸ 나는 용서를 무엇이라고 생각하나요? 이야기를 나누어 봅시다.

▶▶▶ 용서와 관련된 부정적인 정서들은 무엇일까요? 이야기를 나누어 봅시다.

▸▸▸ 용서와 관련된 긍정적인 정서들은 어떻게 나타나는 것일까요? 이야기를 나누어 봅시다.

▸▸▸ 용서는 사람들마다 자신의 입장에서 이야기를 합니다. 용서는 대부분 부정적인 정서가 점점 사라지는 것입니다.

용서는 상대방에 대한 부정적인 정서들이 사라지는 것입니다.
예를 들면, 분노, 미움, 증오, 원한, 슬픔, 비판, 복수, 처벌 등이 사라지고, 긍정적인 정서인 부정적인 감정의 사라짐, 동정심, 사랑, 비판단적, 상대가 잘 되기를 바라고, 도움을 주기도 하고, 화해하는 반응들입니다.
결국 용서는 분노상황에 있는 자신과 분노의 발생 원인을 제공한 상대방을 긍정적인 정서조절로 대처하는 긍정적이고 능동적인 행위로서 자신과 타인의 관계형성의 회복입니다.

►►► 사람들은 일상생활에서 좋아하는 사람, 싫어하는 사람들이 있습니다. 나는 어떤 사람을 좋아하고 싫어할까요? 도화지에 내가 좋아하는 사람과 싫어하는 사람을 그려 주세요.

6회기 경험보고서

별칭: ____________________

7회기: 용서로 시작하기

▸▸▸ 나는 용서를 실천해 본 적이 있었나요? 이야기를 나누어 봅시다.

▸▸▸ 나는 어떤 상황에서 누구를 어떻게 용서해 보았나요? 이야기를 나누어 봅시다.

►►► 내가 상대방을 용서했을 때, 나의 신체에는 어떤 반응들이 나타났나요? 이야기를 나누어 봅시다.

►►► 내가 상대방을 용서했을 때, 나의 기분은 어땠나요? 이야기를 나누어 봅시다.

▸▸▸ 내가 상대방을 용서했을 때, 상대방에게 어떤 반응이 나타났나요?

✔ 인지변화란? 어떤 상황을 바꾸는 것입니다.

인지변화는 그 어떤 상황 혹은 그것을 통제하는 능력에 대한 생각을 변화시키는 것입니다. 또한 어떤 상황에 대한 정서적 중요성을 변화시키는 방법으로 정서에 대한 평가를 재해석하는 것입니다. 다시 설명하면, 우리들의 일상생활에 정서반응의 화가 생기는 방법으로 상황에 대한 의미를 바꾸는 것입니다. 또한 내적인 정서를 변화시키고 부정적인 정서를 감소시킨는 것입니다. 인지변화는 부모가 자녀들을 양육하는 과정에서 자녀들의 정서반응에 도움을 준다고 합니다.
또한, 인지변화는 우리들의 뇌의 구조와 관련이 있습니다. 신경내분비적 반응을 자극하기도 하며, 정서의 반응에도 관련이 있습니다.
예를 들면, 분노상황에서 우리들이 스스로 재해석하는 것은 어려울 수 있습니다. 하지만, 분노의 영향에서 우리들이 처한 상황을 재해석하여, 재평가를 통해서 우리들의 삶에 새로운 변화를 스스로 인식할 수 있습니다.

▸▸▸ 나는 일상생활에서 분노가 치밀거나 부정적인 상황이었을 때, 그 상황을 긍정적으로 바꾸는 재해석과 평가를 해 본 적이 있었나요? 이야기를 나누어 봅시다.

▸▸▸ 내가 분노의 부정적인 상황에서 긍정적으로 재해석과 평가를 하였을 때, 나의 신체와 정서에 어떤 변화가 나타났는지 이야기를 나누어 봅시다.

▸▸▸ 나 자신을 위한 용서의 목걸이를 만들어 보고, 이야기를 나누어 봅시다.

7회기 경험보고서

별칭: ____________________

8회기: 새로운 용서의 삶

▸▸▸ 나는 용서의 삶을 시작하면서 어떤 연습과 노력을 하였는지 이야기를 나누어 봅시다.

▸▸▸ 용서의 삶은 의자에 가만히 앉아 있지 않습니다.

수동자세가 아닙니다.
움직이는 것입니다.
능동적인 것입니다.
연습하는 것입니다
노력하는 것입니다.
용서의 삶은 긍정적인 정서조절입니다.
용서는 나, 우리, 가족 그리고 이웃을 사랑하는 정서조절입니다.

▶▶▶ 나의 일상생활에서 상대방에게 기분이 상하는 이야기를 들었을 때, 나의 정서를 어떻게 조절했나요? 이야기를 나누어 봅시다.

▸▸▸ 화가 나거나 기분이 나쁠 때, 어떤 상황이었나요?

►►► 화가 나거나 기분이 나쁠 때, 어떤 운동과 휴식을 취하셨나요?

▸▸▸ 화가 나거나 기분이 나쁠 때, 어떤 음식으로 화를 푸셨나요?

▶▶▶ 화가 나거나 기분이 나쁠 때, 나의 신체에 어떤 반응이 나타났나요?

▸▸▸ 사람들은 일상생활에서 어떤 상황에서나 반응조절을 하게 됩니다. 반응조절이란?

반응조절은 여러분들이 어떤 상황에서 상대방에게 기분 나쁜 소리를 들을 경우에 그 상황에 대한 반응입니다. 반응조절은 정서표현 행동을 조절하는 것과 관련이 있습니다.
여러분들이 어떤 상황에서 느낀 감정을 상대방에게 표현하는 것입니다. 자신의 정서를 조절하는 능력도 될 수 있습니다.
우리 주위의 어떤 상황에서 느낀 감정을 특히, 부정적인 정서에서 다양하게 반응할 수 있습니다. 예를 들면, 운동, 휴식 또는 술과 담배 그리고 약물들을 이용할 수 있습니다.
즉, 반응조절은 여러분들의 정서반응을 변화시키는 것입니다.

▸▸▸ 새로운 용서의 삶을 살기 위해서는 자신에게 주는 선물도 중요합니다. 자신이 받고 싶은 선물은 어떤 것인가요? 자신에게 주는 선물을 만들어 보고 이야기를 나누어 봅시다.

▸▸▸ 자신에게 보내는 편지를 작성하여 봅시다.

8회기 경험보고서

별칭: ____________________

프로그램 평가 및 소감

별칭 ________________

※ 여러분이 참여한 본 프로그램에 대한 평가를 ○표로 답해 주십시오.

1. 정 서조절의 전체 내용에 대한 나의 만족도는 어떤가요?
   ① 매우 도움됨( ) ② 도움됨( ) ③ 보통( ) ④ 별로 도움 안 됨( ) ⑤ 전혀 도움 안 됨( )

2. 정서조절의 진행방법에 대한 나의 만족도는 어떤가요?
   ① 매우 도움됨( ) ② 도움됨( ) ③ 보통( ) ④ 별로 도움 안 됨( ) ⑤ 전혀 도움 안 됨( )

3. 정서조절의 진행자에 대한 나의 만족도는 어떤가요?
   ① 매우 도움됨( ) ② 도움됨( ) ③ 보통( ) ④ 별로 도움 안 됨( ) ⑤ 전혀 도움 안 됨( )

4. 정서조절의 참가 희망에 대한 만족도는 어떤가요?
   ① 매우 도움됨( ) ② 도움됨( ) ③ 보통( ) ④ 별로 도움 안 됨( ) ⑤ 전혀 도움 안 됨( )

5. 정서조절의 목표달성에 대한 나의 만족도는 어떤가요?
   ① 매우 도움됨( ) ② 도움됨( ) ③ 보통( ) ④ 별로 도움 안 됨( ) ⑤ 전혀 도움 안 됨( )

6. 본 프로그램은 나에게 피해를 주거나 힘들게 한 사람을 용서하는 데 도움이 되었나요?
   ① 매우 도움됨( ) ② 도움됨( ) ③ 보통( ) ④ 별로 도움 안 됨( ) ⑤ 전혀 도움 안 됨( )

7. 본 프로그램은 내가 학교생활이나 일상생활을 하는 데 도움이 되었나요?
   ① 매우 도움됨( ) ② 도움됨( ) ③ 보통( ) ④ 별로 도움 안 됨( ) ⑤ 전혀 도움 안 됨( )

8. 프로그램 내용 중에서 가장 기억에 남는 내용이나 활동은 무엇인가요? 그 이유는 무엇인가요?

9. 이 프로그램을 다른 친구에게도 권하고 싶은가요?

10. 본 프로그램을 마치면서 나 자신에게 해 주고 싶은 격려의 말, 앞으로의 각오는 무엇인가요?

MEMO

참고 문헌

구지은(2010). 청소년의 일차적 분노사고와 이차적 분노사고의 관계에서 정서조절 방략의 매개효과. 석사학위논문, 서울여자대학교.

권석만(2006). 우울증. 서울: 학지사.

권석만(2009). 젊은이를 위한 인간관계의 심리학. 서울: 학지사.

권중돈·김동배(2005). 인간행동과 사회환경. 서울: 학지사.

김광수(2008). 용서상담: 아동 및 청소년의 또래 대인관계 문제 개선과 정서능력 개발을 중심으로. 서울: 학지사.

김귀랑(2005). 아동의 분노표현 또래폭력 경험. 석사학위논문, 숙명여자대학교.

김명주(2000). 또래집단에서의 인기도와 자아존중감 및 자기통제력과의 관계. 석사학위논문, 경원대학교.

김언정(2011). 용서프로그램이 성인의 용서 증진에 미치는 효과. 석사학위논문, 경북대학교.

김은정(2011). 부정적 정서에 대한 어머니의 수용태도와 아동의 분노표현방식. 석사학위논문, 고려대학교.

김진희(2011). 청소년의 자기애성향과 분노표현의 관계에서 인지적 정서조절의 중재효과. 석사학위논문, 숙명여자대학교.

김태춘(2006). 용서훈련 집단상당미 비행청소년의 용서수준 분노조절 및 대인관계에 미치는 효과. 박사학위논문, 동아대학교.

김택성(2008). 분노유발사건과 분노표출과의 관계에서 특성분노와 인지적 평가자원의 매개효과. 석사학위논문, 진주교육대학교.

김해진(2006). 성인애착 유형, 특성분노 및 음주문제의 관계: 분노표현 효율성의 조절효과를 중심으로. 석사학위논문, 전남대학교.

김현진(2006). 무용/동작치료가 여고생들의 시험불안에 미치는 영향: Blanche Evan의 중 재기법을 중심으로. 석사학위논문, 서울여자대학교.

김희라(2010). 개인 용서상담 프로그램이 위기청소년의 정신건강에 미치는 영향. 박사학위논문, 인제대학교.

나승은(2009). 모애착과 또래애착, 내현적 자기애가 청소년의 분노 표현에 미치는 영향. 석사학위논문, 성균관대학교.

남주희(2010). 아동의 성격차원과 분노표현의 관계: 특성분노의 매개효과. 석사학위논문, 한양대학교.

류권옥(2005). 중학생을 위한 분노조절 프로그램 효과연구. 석사학위논문, 호서대학교.

마유미(2012). 자연에서 나타나는 유아들의 긍정적 정서에 관한 연구. 석사학위논문, 숙명여자대학교.

막나이(2004). 애착 유형에 따른 역기능적 태도 및 분노 표출 양상의 차이. 석사학위논문, 순천향대학교.

민경환·김지현·황석현·장승민(1998). 성·세대·성격유형에 따른 정서 반응양식의 차이. **한국심리학회지: 사회 및 성격**, 12(2), 119-140.

박서정(2005). 어머니의 정서사회화 행동과 학령기 아동의 정서조절 전략 및 정서조절 능력간의 관계. 박사학위논문, 성균관대학교.

박양리(2009). 용서치료 프로그램이 성인 아이의 부정적 정서 및 주관적 안녕감에 미치는 영향. 박사학위논문, 중앙대학교.

박지선(2008). 경계선 성격장애 성향 청소년의 정서조절 결함 모형에 관한 연구. 박사학위논문, 중앙대학교.

반신환(2009). 개인주의 용서상담과 집단주의 문화변형의 용서상담: 목표와 과정. **상담과 기독교**, 4, 1-18.

반신환(2011). 감정중심 부부치료(Emotionally focused couple therapy)에서의 감정과 감정조절. **상담과 기독교**, 6, 1-12.

손운산(2008). **용서와 치료**. 서울: 이화여자대학교 출판부.

손재민(2005). 정서조절 방략 사용에서의 개인차: 인지적 재해석인과 정서표현 억제인의 비교. 석사학위논문, 서울대학교.

신종수(2008). 용서 상담프로그램이 상황적·외적인 귀인성향자에게 미치는 영향. 박사학위논문, 서울벤처정보대학원대학교. 8, 8-38.

안무욱(2007). 청소년의 외상경험, 정서조절, 대처방식 및 사회적 지지가 외상 후 스트레스장애 증상에 미치는 영향. 석사학위논문, 한림대학교.

안윤영(2012). 중학생의 분노표현의 관계 및 분노조절 프로그램의 효과. 박사학위논문, 한양대학교.

안인경(2012). 중학생의 공격성과 분노표현방식에 따른 DAS(Draw A Story) 검사. 석사학위논문, 서울불교대학원대학교.

양성윤(2012). 어머니 분노표현이 아동의 분노표현과 또래상호작용에 미치는 영향. 석사학위논문, 한양대학교.

여은진(2009). 유아와 어머니 정서성, 어머니의 정서사회와 행동 및 유아 정서조절간의 구조분석. 박사학위논문, 덕성여자대학교.

오세진(1999). **인간행동과 심리학**. 서울: 학지사.

이기현(2010). 강박적 성격특성과 스트레스 수준에 따른 분노표출의 차이. 석사학위논문, 카톨릭대학교.

이명희(2010). 아동의 욕구좌절 및 분노표현에 따른 나무그림반응특성. 박사학위논문, 영남대학교.

이선영(2007). 인지적 재구성을 통한 용서에 대한 이해. 석사학위논문, 이화여자대학교.

이선주(2010). 청소년의 애착수준과 애착유형에 따른 열등감과 분노표현. 석사학위논문, 숙명여자대학교.

이성정(2006). 아동의 분노 및 공격성과 학교생활적응간의 관계. 석사학위논문, 대구카톨릭대학교.

이세정(2004). 성인의 애착 유형에 따른 분노경험과 분노조절 양식. 석사학위논문, 영남대학교.

이은교(2008). 인지행동적 정서조절 훈련 프로그램이 아동의 정서조절능력과 우울에 미치는 영향. 석사학위논문, 진주교육대학교.

이정수(2005). 기혼남녀가 지각하는 부부친밀감의 차이에 관한 연구. 석사학위논문, 평택대학교.

이주영(2012). 대학생의 애착과 우울의 관계에서 인지변인의 매개효과: 희망, 사회적 자기효능감, 부정적 자동사고를 중심으로. 박사학위논문, 숙명여자대학교.

이지영(2008). 정서조절 방략과 정서장애의 관계 및 체험적 정서조절 방략의 효과. 박사학위논문, 서울대학교.

이지영·권석만(2006). 정서조절과 정신병리의 관계: 연구현황과 과제. 한국심리학회지: 상담 및 심리치료. 제18권 제3호, 461-493.

임낙철(2009). 지체장애선수의 정서, 열정, 생활만족, 시합전략. 박사학위논문, 성균관대학교.

임민주(2009). 정서표현의 양가성과 정서조절 양식이 삶 만족에 미치는 영향. 석사학위논문, 카톨릭대학교.

임소영(2010). 자기노출이 분노 억제 경향이 있는 아동의 우울에 미치는 영향. 석사학위논문, 인천교육대학교.

임유경(2011). 거부민감성과 우울의 관계에서 정서조절방략의 조절효과 검증. 석사학위논문, 아주대학교.

임은희(2010). 정신보건 사회복지론. 파주: 양서원.

임희수(2001). 아동의 기질, 어머니의 정서조절 및 양육행동과 아동의 정서조절간의 관계. 박사학위논문, 이화여자대학교.

전겸구(2000). 분노의 종합적 이해를 위한 시도. 예술치료학회, 7(1), 1-31.

전겸구(2000). 한국판 상태-특성 분노 표현척도(STAXI-K)개발연구: Iv. Korean Journal of Art Therapy. 7(1), 33-50.

전민정(2007). 분노를 억제하는 성인여성의 집단미술치료 체험연구. 석사학위논문, 서울여자대학교.

정명화·강승희·김윤옥·박성미·신경숙·신경일·임은경·허승희·황희숙(2005). 정서와 교육. 서울: 학지사.

정옥분·정순화·황현주(2009). 애착과 발달. 서울: 학지사.

정은수(2009). 분노수준이 높은 청소년의 부모-자녀 갈등과 용서, 문제행동과 관계. 석사학위논문, 경남대학교.

조덕임(2011). 문제음주자의 분노유발요인과 분노표출에 대한 현상학적 연구. 석사학위논문, 경북외국어대학교.

조수아(2008). 용서신념이 용서와 부정적 정서 및 주관적 안녕감에 미치는 영향. 석사학위논문, 서울대학교.

조영주(2011). 분노성향 대학생의 자기서사에 대한 문학치료학적 연구. 박사학위논문, 건국대학교.

조홍식·김인숙·김혜란(2010). 가족복지학. 서울: 학지사.

주명숙(2012). 아로마 마사지가 중년여성 고혈압 환자의 가정 혈압, 활동 혈압 및 수면에 미치는 효과. 박사학위논문, 을지대학교.

최은실(2009). 정서인식 및 표현 능력 향상 프로그램의 효과연구. 박사학위논문, 이화여자대학교.

최지애(2009). 청소년의 분노경험과 비행의 관계에서 분노사고의 매개효과. 석사학위논문, 숙명여자대학교.

최해연(2007). 정서표현에 대한 갈등과 억제연구. 박사학위논문, 서울대학교.

팽은경(2005). 분노 스트레스 상황에서 자기표현 미술매체 활동이 분노억제 집단의 분노정서와 생리적 각성에 미치는 효과. 석사학위논문, 중앙대학교.

한규은(2007). 정서조절 방식과 사회적 환경이 자기 조절 자원의 고갈에 미치는 영향. 석사학위논문, 연세대학교.

한선화(2006). 청소년의 정서성과 정서조절 전략 및 자기통제력. 석사학위논문, 인하대학교.

Ainsworth, M. D. S., Blehar, Waters, E., & Wall, S.(1978). Patterns of attachment: *A Psychology study of the strange situation*. Hilsdale, NJ: Erlbaum.

Allen, J. G.(2005). *Coping with trauma: hope through understanding*. 권정혜·김정범·조용래·최혜경·최윤경·권호인 역(2010). 트라우마의 치유. 서울: 학지사.

Averill, J. R.(1982). Anger and aggression: *An essay on emotion*. New York: Springer-Verlag.

Bachorowski, J. A., & Owren, M. J.(2008). Vocal expressions of emotion. In M. Lewis, J. M. Haviland-Jones L. F. Barrett (Eds.), *Handbook of emotions,* New York: Guilford.

Barbalet, J. M.(1998). Emotion, Social theory, and social structure: *a macro-sociological approach, cambridge*: cambridge Ubiv.Pr.

Barbalet, J.(1998). Emotion. *Social theory, and social structure: A macrosociological approach*. NewYork: Cambridge University Press.

Baumeister, R. E., Exline, J. J., & Sommer, K. L.(1998). The victim role, grudge theory, and two dimensions of forgiveness. In E. L. Worthington, Jr. (Ed.), *Dimensions of forgiveness: Psychological research & theological perspective* (pp. 79-104). Philadelphia: Temp;eton Foundation Press.

Bear, M. F., Connors, B. W., & Paradiso, M. A.(2007). *Neuroscience: exploring the brain. 3rd ed.* 강봉균 외 21인 역(2009). 신경과학: 뇌의 탐구 제3판, 서울: 바이오메디북.

Beck. A. T.(2000). prisoner of hate: *The cognitive basis of anger, hostility, and Violence*. New York: perennial.

Beer, J. S., & Lombardo, M. V.(2007). Insights into emotion regulation from neuropsychology. In J. J. Gross (Ed.), *Handbook of emotion regulation* (pp.69-86). New York: Guilford.

Berkowitz, L.(1989). Frustration-aggression hypothesis: examination and differencies in earch with animals and human. *American Psychologist. 38*. 1135-1144.

Birditt, K. S., & Fingerman, K. L.(2003). Age and gender differences in advltst' descriptions of emotional reaction to interpersonal problems. *Journal of Gerontology: Psychological Sciences*, *58B*, 237-245.

Boden, J. M., & Baumeister, R. F.(1997). Repressive coping distraction using pleasant thoughts and memories. *Journal of personality and Social psychology*, *73*(1), 45-62.

Bowlby, J.(1958). The nature of the child's tie to his mother. *international Journal of Psycho-Analysis*, *39*, 350-373.

Bowlby, J.(1973). Attachment and Loss: *Separation*. New York: Basic Books.

Bowlby, J.(1979). *The making and breaking of affectional bonds*. London: Tavistock Publications.

Byng-Hall, J.(1999). Family and couple therapy: Toward greater security. In

Cassidy, J., & Shaver, P. R. (Eds). *Handbook of attachment: Theory, research, and clinical applications* (pp. 625-645). New York: Guilford.

Cannon, W. B.(1929). Bodily cbanges in pain, bunger. *fear and rage* (2nd ed.) New York: Appleton.

Carlson, N. R.(1991). *Physiology of behavior.* Boston: Allyn and Bacon.

Cho, Y, H., & Park, H. H.(1998). Conflict management in Korea: The Wisdom of dynamic collectivism. In K. Leung and D. Tjosvold (Eds), *Conflict management in the Asia Pacific* (pp. 15-48). Singapore: Wiley.

Cho, Y, H., & Park, H. H.(1998). conflict management in korea: The wisdom of dynamic collectivism. In K. Leung and D.Tjosvild (Eds.), *conflict management in the Asia Pacific* (pp.15-48). Singapore: wiley.

Cole, L.(1966). *Psychology of adolescence.* NY: Holt, Rinehart and wiston, Inc., 246-249.

Colo, P. M.(1986). Children's spontaneous control of facial expression. *Child Development*, *57*, 1309-1321.

Crain, W.(2000). *Theories of development.* 송길연·유봉현 역(2005). 발달의 이론, 서울: 시그마프레스.

David, A. W. & Eric, J. M.(2006). *Behavioral and Emotional disorders in adolescents nature, assessment and treatment Edited by*: The Guiford press.

Dodge, K. A.(1985). Attributional bias in aggressive children. *Advances in Cognitive-Behavioral Research and Therapy*, *4*, 73-110.

Dodge, K. A.(1989). Coordinating responses. *Motivation and Emotion, 27,* 125-156.

Ekman, P.(1994). All emotions are basic. In P. Ekman & R. Davidson (Eds.). *The nature of emotion: Fundamental guestions* (pp. 56-58). New York: Oxford University Press.

Ekman, P.(2003). *Emotions revealed.* 이민아 역(2006). 얼굴의 심리학, 서울: 바다출판사.

EKman, P., Davidson, R. J., & Friesen, W. V.(1990). The Duchenne smile: Emotional expression and brain physioligy II. *Journal of personality and social psychology*, 58, 342-353.

Enright, R. D.(2001). *Forgiveness is a choice: A step-by-step process for resolving anger and restoring hope*. Washington, DC: American Psychological Association.

Enright, R. D.(2001). Forgiveneness is a choice: *A step-by-step process for resolving anger and restoring hope*. Washington, DC: American psychological Association.

Enright, R. D., & Coyle, C. T.(1998). Researching the process model of forgiveness within psychological interventions. In E. L. Worthington, Jr. (Ed), *Dimensions of forgiveness: Psychological research & theological perspective* (pp. 139-161). Philadelphia: Templeton Foundation Press.

Enright, R. D., & Fitzgibbons, R. P.(2000). *Helping Clients Forgive: An Empirical Guide for Resolving Anger and Restoring Hope*. APA.

Feeney, J. A.(1999). Adult romantic attachment and couple relationships. In Cassidy, J., & Shaver, P. R. (Eds.). *Handbook of attachment: Thery, research, and clinical applications* (pp. 355-377). New York: Guilford.

Fitzgibbons, R. P.(1986). The cognitive and emotive use of forgiveness in the treatment of anger. *Psychotherapy*, *23*, 629-633.

Flanigan, B. J.(1987). shame and forgiveness in alcoholism. *Alcoholism Treatment Quarterly*, 4, 181-195.

Flanigan, B. J.(1992). *Forgiving the Unforgivable: Overcoming the Bitter Legacy of Intimate Wounds*, New York: Macmillan.

Flanigan, B. J.(1996). *Forgiving Yourself: A Step-By-Step Guide to Making Peace with Your Mistakes and Getting on with Your Life*. New YorkL A Schuster Macmillan Company.

Folkman, S., & Lazarus, R. S.(1980). An analysis of coping in a middle-aged community sample. *Journal of Health and Social Behavior*, *21,* 219-239.

Fredrickson, B. L.(1998). What good are positive emotions? *Review of General psychology, 2*, 300-319.

Friedman, H. S., Hall, J. A., & Harris, M. J.(1985). Type A behavior, nonverbal expressive style, and health. *Journal of personality and social psychology, 48*, 1299-1315.

Frijda, N. H.(1986). *The emotions.* London: Cambridge University press.

Garnefski, N., Kraai J, V., & Spihoven, P.(2001). Negative life events, cognitive emotion regulation and emotional problems. *Personality and individual Difference, 30*, 1311-1327.

Garnefski, N., Teerds, J., Kraaij, V., Legerstee, J., & Kommer, T.(2004). Cognitive emotion regulation strategies and depressive symptoms: Differences between males and females. *Personality and Individual Differences, 36,* 267-276.

Gassin, E. A.(1995). social cognition and forgiveness in the context of adolescent romance: An intervention study. Doctoral dissertation, University of Wisconsin -Madison. *Dissertation Abstracts International*-A, *56*(04). p.1290.

Gassin, E. A., & Enright, R. D.(1995). The will to meaning in the process of forgiveness. *Journal of psychology and Christianity 14*(1): 38-49.

Gesell, A., ILg, F. L., & Ames, L. B.(1956). Youth: *The years From Ten to Sixteen.* N. Y.: Harper & Row publishers Inc.

Gottman, J. M., & Katz, L. F.(1989). Effect of marital discord on young children's peer interaction and health. *Developmental Psychology, 25,* 403- 417.

Gottman, J. M., & Levenson, R. W.(1992). Marital processes predictiv of later Dissolution: Behavior, Physiology, and Health. *Journal of personality and social of psychology. 2*, 221-233.

Gray, J. N.(1993). *Men Are from Mars, Women Are from Venus.* 화성에서온 남자 금성에서 온 여자. 김경숙 역(2008). 서울: 동녘 라이프. Mayer, J. D., & Gaschue, Y. N. (1988). The Experience and Meta-Experience of Mood. *Journal of Personality and Social Psychology. Vol. 55.* No. 1. 102-111.

Greenberg, L. S., & Paivio, S. C.(1997). *Working with emotions in psychotherapy*. 이홍표 역(2008). 심리치료에서 정서를 어떻게 다룰 것인가, 서울: 학지사.

Griswold, C. L.(2007). *forgiveness: A philosophical exploration*. Cambridge: Cambridge University Press.

Grisworld, C. L.(2007). *Forgiveness: A Philosophical Exploration*. Cambridge: Cambridge University Press.

Gross, J. J., & Thompson, R. A.(2007). Emotion regulation: Conceptual foundations. In J. J. Gross (Ed.), *Handbook of emotion regulation* (pp.3-24). New York: Guilford.

Gross, J. J., & John, O. P.(2003). Individual differences in two emotion regulation processes: Implications for affect, relationships, and well-being. *Journal of Personality and Social Psychology, 85,* 348-362.

Gross, J. J., & John, O. P.(2007). Individual differences in two emotion regulation. In J. J. Gross (Ed.), *Handbook of emotion regulation* (pp.351-370). New York: Guilford.

Gross, J. J.(2002). Emotion regulation: Affective, cognitive, and social consequences. *Psychophysiology*, *39*, 281-291.

Gross, J. J.(2008). Emotion regulation. In M. Lewis, J. M. Haviland-Jones, & L. F. Barrett (Eds.), *Handbook of emotions*, New York: Guilford.

Gross, J. J., & Levenson, R. W.(1997). Hiding feelings: The acute effects of inhibiting positive and negative emotions. *Journal of Abnormal psychology*, 106, 95-103.

Gross, J. J., & Levenson, R. W.(1997). Hiding feelings: The acute effects of inhibiting positive and negative emotions. *Journal of Abnormaf psychology*, *106*, 95-103.

Hargrav, T. D.(2004). *Family therapy and forgiveness*. 가족치료와 용서, 문미선 역. 서울: 하나의학사.

Hargrave, T. D.(1994), Families and forgiveness: A theoretical and therapeutic framework. *The family Journal, 1*(4).

Harrison, A. O., Wilson, M. N., Pine, C. J., Chan, S. Q., & Buriel, R.(1990). *Family ecologies of ethnic minority children child Development*, 61, 347-362.

Harrison, Wilson, Pine, Chan & Gerton(1993). The construction of bicultural competence. *Bi-cultural competence and Academic Resilience Among immigrants*. Rosalva vaga vargas-Reighley: 3, pp.35-54.

Health Insurance Review & Assessment Service(2003). Information of Chronic deseas, Retrieved Health Insurance Review & Assement Service, May 4, from website: http://www.hira.or.kr/. http://jama.ama-assn.org/ *The Serenth Repott of the Joint National Committe on Prevention, Detection, Ev.alvation, and Treatment of High Blood Pressure, The JNC 7 Report*.

Hubbard, J. A.(2001). Emotion Expression processes in children's Peer interaction: The role of peer rjection aggression, and gender. *Child Development, 72*, 1426-1438.

Hunter, R. C.(1978). forgiveness, retaliation, and paranoid reactions. *Canadian Psychiatric Association Journal, 23*, 167-173.

Izard, C. E.(1972). *patterns of emotions*. New York: Academic Press.

James, W.(1884). *What is an emotion? Mind* 9, 188-205.

Johson, S. M.(2003). Attachment theory: A guide for couple therapy. In Johnson, S. M., & Whiffen, V. E. (Eds), *Attachment processes in couple and family therapy*(pp. 103-123). New York: Guilford.

Johson, S. M.(2004). *The practice of emotionally focused couple therapy* (2nd ed). New York: Guilford.

Johson, S. M.(2008). Emotionally focused couple therapy. In Gurman, A. S. (Ed.), *Clinical handbook of couple therapy* (4th ed., pp. 107-137). New York: Guilford Press.

Kagan, J.(2007). *What is emotion?*. 노승영 역(2009). 정서란 무엇인가?, 서울: 아카넷.

Kaiat, J. W., & Shiota, M. N.(2007). *Emotion*. 민경환·이옥경·김지현·김민희·김수

안 역(2007). 정서심리학, 서울: 시그마프레스, 390-404.

Kerr, M. A., & Schneider, B. H.(2008). Anger expression in children and adolescents: A review of the empirical literature. *Clinical Psychology Review, 28*(4), 559-577.

Kobak, R., Cole, H., Fleming, W., Ferenz-Gillies, R. & Gamble, W.(1993). Attachment and emotion reguation during mother-teen Problem-solving: A Control theory analysis. *Child Development*, *64*. 231-245.

Kokkonen, M., & Pulkkinen, L.(1999). Emotion regulation strategies in relation to personality characteristics indicating low and high self-control of emotion. *Personality and Individual Differences, 27*, 913-932.

Kopp, C. B.(1989). Regulation of distress and negative emotion: A developmental review. *Developmental psychology*, 25, 343-354.

Kring, A. M. & Gordon, A. H.(1998). sex differences in emotion: Expression, experience, and Physiology. *Journal of personality and Social Psychology*, *74*(3), 686-703.

LaFreniere, P. J.(2000). *Emotional development: A biosocial perspective*. 위영희·이희정 역(2006). 정서발달 생물학적 관점, 서울: 시그마프레스.

Lazarus, N. H.(1991). *Emotion and adoptation*. New York Oxford University Press.

Lazarvs, R. S.(1974). *Psychological stress and coping Process*. New York: McGraw-Hill.

LeDoux, J.(1998). *emotional brain*. 최준식 역(2006). 느끼는 뇌, 서울: 학지사.

Lewis, M.(2000). The emergece of human emotions. In M. Lewis & J. M. Haviland (Eds.). *Handbook of emotions* (2nd ed., pp. 265-280). NewYork: Guilford.

Loewenstein, G.(2007). Affect regulation and affective forecasting. In J. J. Gross (Ed.), *Handbook of emotion regulation* (pp180-203). New York: Guilford.

Lombardo, M. V., & Beer, J. S.(2007). Insights into emotion from neuropsychology. In J. J. Gross (Ed.), *Handbook of emotion regulation* (pp. 69-86). New York: Guilford.

Lonigan, C. J., Carey, M. P., & Finch, A. J.(1994). Anxiety and depression in children and adolescents: Negative affectivity and the of self-reports. *Journal of Consulting and Clinical Psychology*, *62*, 1000-1008.

lzard, C. E.(1972). patterns of Emotion: *A new analyssion*. San Diego, CA: Academic Press.

lzard, C. E.(1977). *Human emotion*. New York: Plenum.

Marie T. Banich(2004). *Cognitive neuroscience and neuropsychology. 2nd ed*. 김명선·강은주·강연욱·김현택 역(2008). 인지 신경과학과 신경심리학, 서울: 시그마프레스.

Matsumoto, D.(1996). Unmasking Japan: *Myths and realities about the emotions of the Japanes*. stanford, CA: Stanford University.

Matsumoto, D., Yoo, S. H., Hirayama, S., & Petrova, G.(2005). Development and Validation of a measure of display rule Knowledge: The display rule assessment inventory. *Emotion*, *5*, 23-40.

Matsumoto, E.(1990). Cultural similarities and differences in display rules. *Motivation and Emotion*, *14*, 195-214.

Mayer, J. D., & Salovey(1993). the intelligence of emotional intelligence. *Intelligence*. *17*(4), 433-442.

Mayer, J. D., Salovey, P., Gomberg-Kaufman, S., & Blainey, K.(1991). A broader conception of mood experience, *Journal of personality and social Psychology*, 60, 100-111.

Mayer, J., & Salovey, P.(1993). *Emotional development and emotional intelligence: Educational implication*. New York: Basic Books.

McCann, I. L., & pearlman, L. C.(1990). vicarious traumatization: A framework for understanding the psychological impect of working with victims. *Journal of Traumatic stress*, *3*, 131-150.

Mccoy, A. W. & Masters. B. R.(1990). On Being Cool and Collected: Mood Regulation in Anticipation of Social Interaction. *Journal of Personality and*

Social Psychology, 70(1), 4.

McCullough, M. E.(2008). *Beyond revenge: The evolution of the forgiveness instinct.* San Francisco: Jossey-Boss.

Mccullough, M. E., Worthington, E. L., Jr., & Rachal, K. C.(1997). Interpersonal forgiving in close relationships. *Journal of personality and social psychology*, 73, 321-336.

Mesquita, B., & Albert. D.(2007). The cultural regulation of emotions. In J. J. Gross (Ed.), *Handbook of emotion regulation* (pp.486-503). New York: Guilford.

Meyer, S., & Thompson, R. A.(2007). Socialization of emotion regulation in the family. In J. J. Gross (Ed.), *Handbook of emotion regulation* (pp.249-268). New York: Guilford.

Mischel, W., Shoda, Y., & Smith, R. E.(2003). *Introduction to personality, 6th ed.* 손정락 역(2007). 통합을 향하여 성격심리학 제6판, 서울: 시그마프레스.

Mont, A., & Lazarvs, R. S.(1966). *Psychological stress and coping process*. New York: McGraw-Hill.

Mullin, B. C., & Hinshaw, S. P.(2007). Emotion regulation and externalizing disorders in children and adolescents. In J. J. Gross (Ed.), *Handbook of emotion regulation* (pp. 523-537). New York: Guilford.

Novaco, R. W.(1975). *Anger control: The development and evalution of an experimental treatment.* Lexington, MA: Health and Company.

Novaco, R. W.(1976). The Functions and Regulation of Arousal of Anger. *American Journal of Psychiatry. 133*, 1124-1127.

Novaco, R. W.(1979). A stress inoculation approach officers. *American Journal of community psychology*, *5*, 327-346.

Novaco, R. W.(1980). Traning of probation counselors for anger problems. *Journal of counseling Psychology*, *27*, 385-390.

Patton, J.(1985). *Is Human Forgiveness possible?* Nashivile, TN: Abingolon press.

Pervin, L. A.(2003). *Science of personality. 2nd ed.* 정영숙·안현의·유순화 역(2005). 성격심리학, 서울: 박학사.

Phillips, L. H., Henry, J. D., Hosie, J. A., & Milne, A. B.(2006). Age, anger regulation and well-being. *Aging & Mental Health, 10*(3), 250-256.

Plutchik, R.(2003). *Emotions and life: Perspectives from psychology, biology, and evolution.* 박권생 역(2004). 정서심리학, 서울: 학지사, 147.

Pluthik, R.(1980). *Emotion: A psycboevolutionary sythesis.* New York: Harper & Row.

Quirk, G. J.(2007). Prefrontal-amygdala interactions in the regulation in pnon-human primates & humans. In J. J. Gross (Ed.), *Handbook of emotion regulation* (pp.27-46). New York: Guilford.

Ranter, C.(2000). Activity Theory is a Dead End for Cultural-Historical Psychology. *Culture & Psychology,* September 6, 253-364.

Ratner, C.(2000). A cultural psychological analysis of emotions. *Culture and Psychology, 16*, 5-39.

Ratner, C.(2000). *The necessity of a coherent, comprehensive concept of culture.* Cross-cultural Psychology Bullentin.

Rice, F. P. & Dolgin, K. G.(2008). *The adolescent:development, relationships, and culture, 12th edition.* 정영숙·신민섭·이승연 역(2009). 청소년 심리학 제12판, 서울: 시그마프레스, 34.

Rime, B.(2007). Interpersonal emotion regulation. In M. Lewis, J. M. Haviland-Jones, & L. F. Barrett (Eds.), *Handbook of emotion regulation* (pp.466-485). New York: Guilford.

Rosaiva, V. & Vargas, R.(2001) *Bi-Cultural competence and Academic Resilience Among immigrants, 3,* p.35-54

Scherer, K. R.(1984). on the nature and function of emotion: A component process approach. In K. R. Scherer & P. E. EKman (Eds.). *Approaches to emotion* (pp. 293-317). Hillsdale, NJ: Erlbaum.

Shaffer, D. R.(2005). *Social and personality development. 5th ed.* 송길연·이지연역 (2008). 사회성격발달(5판), 서울: 시그마프레스.

Sharkin, B. S.(1988). The measurement and treatment of client anger in counseling. *Journal of counseling and Development*, April, *66*. 361-365.

Shaver, P. R., & Mikulincer, M.(2007). Adult attachment strategies and the regulation of emotion. In J. J. Gross (Ed.), *Handbook of emotion regulation* (pp.446-465). New York: Guilford.

Smedes, L. B.(1996). *Forgive and forget.* 배응준 역(2004). 용서의 기술, 서울: 규장.

Smeds, L. B.(1984). *Forgive & forget: healing the hurts we don't deserve*. San Francisco.

Solmon, R. C.(1993). The passions; *Emotions and meaning of Life.* Indianapolis (u.a.). Hackett.

Solomon, M. R.(2001). Eating as both coping and stressor in over weight control. *Journal of advanced nursing*, *36*, 562-572.

Solomon, R. C.(1993). The philosophy of emotions. In M. Lewis & J. Haviland (Eds.), *The handbook of emotions* (pp.3-15). New York: Guilford.

Spielberger, C. D.(1982). Rage boomerangs: lethal type-A anger. *American Health.* l, 52-56

Spielberger, C. D., Jacobs, G., Russell, S., & Crane, R. S.(1983). Assesment of anger: The state-trait Scale. *Advances in Personality Assessment*, *2*, 161-189.

Spielberger, C. D., Jacobs. G. A., Russell, S., & Crane, R. S.(1983). The experience, expression and control of anger. In M. P. Janisse (Ed), Individual difference. *stress, and health psychology.* N.Y.: springer verlag, 89-108.

Spielberger, C. D., Johnson, E., Crane, R., Jacobs, G., Worden, T.(1985). The experience and Expression of Anger: Construction and Validation of an Anger Expression Scale. In M. A. Chesney & R. H. R. senman (Eds.), *Anger and Hostility in Cardiovascular and Behavioal Disorder* (pp.5-30). New York: McGraw-Hill.

Spiellberger, C. D.(1980). Test anxiety inventory. *preliminary professional manual. palo Alto,* CA: Consulting psychologists press.

Spiellberger, C. D.(1982). Rage boomerangs: lethal type-Aanger. *American Health*, I. 52-56.

Spiellberger, C. D.(1985). The experience and expression of anger: Construction and validation of an anger expression scale, In M. A. chesney & R. H. Rosenan (Eds.), *Anger and bositility in cardiovascular and behavior disorders. washington*, DC: Hemisphere Publishing Corp.

Spiellberger, C. D., Reheiser, E. C., & Sydman, S. M. (1995). Measureing the experience, expression, and control of anger, Kassinove (Ed). *Anger Disorders: Definition, Diagnosis, and Treatment*, 49-67. Taylor & Francis.

Stegge, R., & Terwogt, M. M.(2008). Awareness and regulation of emotion in typical and atypical development. In J. J. Gross (Ed.), *Handbook of emotion regulation* (pp.269-286). New York: Guilford.

Steorns, F. R.(1972). Anger. *Psychology, Psychology, Physiolgy, Pathology, Springfield.* IL: charles, Thomas.

Thompson, R. A.(1994). Emotion regulation: A theme in search of a definition. *Monographs of the Society for Research in Child Development*, *59*, 2-3.

Thompson, R. A., & Meyer, S.(2007). Socialization of emotion regulation in the family. In J. J. Gross (Ed.), *Handbook of emotion regulation* (pp.249-265). New York: Guilford.

Thornburg, H. D.(1982). *Development in adolescence.* monterey, Calit: Brooks.

Underwood, M. K., Hurley, J. C., Johanson, C. A., & Mosley, J. E.(1999). An experimental, observational investigation of children's responses topeer provocation: developmental and gender differences in middle childhood. *Child Derelopment*, *70*, 1428-1446.

Walden, T.A., & Smith, M. C. (1997). Emotion regulation. *Motivation and Emotion*, *21*(1), 7-25.

Watson, D., & clark, L. A.(1994). Emotions, moods, traits, and temperaments: Conceptual distinctions and empirical findings. In P. Ekman, & R. J. Davidson (Eds.). *The nature of emotion: Fundamental questions*. New York, Oxford University Press.

Watson, D., & Tellegen, A.(1985). *Toward a consensual structure of mood Psychological Bulletin*, *98*, 219-235.

Watson, D., Clark, L. A., & Tellegen, A.(1988). Develoment and validation of brief measures of positive and negative affect: The PANAS scales. *Journal of personality and Social Psychology*, *54*, 1063-1070.

Worthington, E. L. Jr.(1998). The Pyramid model of forgiveneness: some inter-disciplinary speculations about unforgiveness and the promotion of forgiveness. In E. L. Worthington, Jr. (Ed.). *Dimensions of forgiveness: Psychological research & theological perspective* (pp.107-137). Philadelphia: Templeton Foundation Press.

Worthington, E. L. Jr.(2003). forgiving and reconcilling: Bridges to wholeness and Hope. *Downers Grove*, IL: Intervarsity Press.

Worthington, E. L.(2003). *Forgiving and reconciling: bridges to wholeness and hope*. 윤종석 역(2006). 용서와 화해, 서울: IVP.

Worthington, Everett. L. Jr., & Diblasio, F. A.(1990). Promoting mutual forgiveness within the fractured relationship. *Psychotherapy*, *27*, 219-223.

Zelazo, P. D., & Cunningham, W. A.(2007). Executive function: Mechanism underlying emotion regulation. In J. J. Gross (Ed.), *Handbook of emotion regulation* (pp.135-153). New York: Guilford.

찾아보기

ㅊ ▸▸▸

ㅋ ▸▸▸

ㅌ ▸▸▸

조 숙

- 총회신학대학원 졸업(M.Div)
- 한남대학교 사회복지학과 졸업(B.A.)
- 백석대학교 상담대학원 졸업(M.A.)
- 한남대학교 일반대학원 박사과정 졸업(Ph.D.)

- 전, 샤론 어린이 선교유치원장
- 전, 우송공업대학, 우송정보대학, 우송대학교 외래교수
- 전, 한남대학교 외래교수
- 전, 복음신학대학교 대학원 외래교수
- 전, 논산시 건강가정지원센터 전문 상담사
- 전, 대전교육청 중·고등학교 개인집단 상담사

- 현, 한국 상담학회 정회원
- 현, 한국 상담심리학회 정회원
- 현, 한국 노인복지학과 정회원
- 현, 한국 교육상담학회 수퍼바이저
- 현, 한국 기독교 심리상담학회 수퍼바이저
- 현, 한국 군 사회복지 이사 및 충청지부장
- 현, 한국 마약퇴치운동본부 약물 오·남용 예방교육 강사
- 현, 건양대학교 외래교수
- 현, 영동대학교 외래교수
- 현, 샤론 가족상담연구소장

분노와 정서조절

초판 1쇄 인쇄 2013년 12월 20일
초판 1쇄 발행 2013년 12월 27일

지 은 이 | 조 숙
펴 낸 이 | 김기섭
책임편집 | 박소정
펴 낸 곳 | 창지사 www.changjisa.com
153-802 서울시 금천구 가산디지털 1로 83 파트너스타워 1차 9층
전화 (02) 719-2211~3
팩스 (02) 701-9386
등 록 | 1977년 4월 28일 · 제1-421호

ISBN 978-89-426-0745-7 (93180)

값 14,000원